可怕的2岁
麻烦的3岁

杨霞◎著

天津出版传媒集团

天津科学技术出版社

图书在版编目（CIP）数据

可怕的 2 岁，麻烦的 3 岁 / 杨霞著 . -- 天津：天津
科学技术出版社，2020.8（2022.1 重印）

ISBN 978-7-5576-7397-0

Ⅰ . ①可… Ⅱ . ①杨… Ⅲ . ①幼儿教育—家庭教育 Ⅳ . ① G781

中国版本图书馆 CIP 数据核字 (2020) 第 036498 号

可怕的 2 岁，麻烦的 3 岁
KEPA DE 2 SUI，MAFAN DE 3 SUI
责任编辑：吴文博
责任印制：兰　毅

出　　版：天津出版传媒集团
　　　　　天津科学技术出版社

地　　址：天津市西康路 35 号
邮　　编：300051
电　　话：（022）23332377
网　　址：www.tjkjcbs.com.cn
发　　行：新华书店经销
印　　刷：三河市三佳印刷装订有限公司

开本 710×1000　1/16　印张 13.5　字数 190 000
2022年1月第1版第4次印刷
定价：42.80元

前言

在育儿领域流传着这样一句话:"可怕的2岁,麻烦的3岁。"这是说2～3岁的孩子不听话,脾气大,很难管教。2～3岁的孩子告别了婴儿车,开始用自己的脚步急切地迈向崭新的人生。他们有强烈的好奇心,总是兴趣浓厚地探索周围的世界。他们的语言表达能力迅速发展,能够用简单的句子表达自己的意愿。如果在他们在"探索"的时候,父母做出种种限制,他们很可能会大发脾气,执拗地与父母对抗。

因此这一时期被认为是孩子成长中的第一个叛逆期,称为"宝宝叛逆期"。这个时期孩子的自我意识开始萌发,在他们的心目中自己就是世界的主宰,于是,他们总想摆脱父母的控制,喜欢和父母对着干,把"不""不要""不行"这些话语时时挂在嘴边。父母们觉得这一时期的孩子难缠、叛逆也就在所难免了。

当然,这一时期的孩子也有乖巧的时候。当他们乖巧起来,就像可爱的小天使,但可能下一秒,他们就会情绪失控,大哭大闹,变成让人头疼的"小恶魔",把父母气得七窍生烟。

此时的父母必须马上调整自己的教育方式。如果父母对孩子的态度粗暴，就会导致局面失控；如果父母过多地限制，则会阻碍孩子形成良好的自我认知，影响孩子的性格发展。

有一位心理学家精辟地概括了孩子的表现与父母教养方式之间的 N 种关系："指责中长大的孩子，长大后怨天尤人；恐惧中长大的孩子，长大后畏首畏尾；怜悯中长大的孩子，长大后自怨自艾；羞辱中长大的孩子，长大后心怀仇恨；鼓励中长大的孩子，长大后充满自信；赞美中长大的孩子，长大后心存感恩；接纳中长大的孩子，长大后心胸广阔……"教养孩子，父母只有调整自己的心态，倾听孩子的心声，才能营造正向的亲子关系。

从这本书中，父母将学习到如何正确应对 2 ~ 3 岁孩子常见的棘手问题，并了解其行为背后的缘由。比如，当孩子做出爱发脾气、不文明的行为时，父母直接制止他、责骂他往往是无效的，而要耐心、耐心、再耐心，慢慢引导教育。父母习以为常喝止孩子的"不行！""不可以！"这些话其实会伤害到孩子幼小的心灵，让孩子的反抗心和攻击心增强。

从这本书中，父母还会学习到 2 ~ 3 岁孩子的身心发展特点，从而更加了解自己的孩子，为减少孩子的叛逆行为找到"突破口"。2 ~ 3 岁的孩子已经具有了一定的规则意识，父母可以抓住机会加以训练。比如，当孩子用小手去摸插座孔的时候，父母对他说"危险，不能摸"时，他可能不明白为什么不能摸，但他会意识到这是规则，是不可以违反的。经过一段时间的训练，孩子就会逐渐建立起规则意识，学会遵守规则。2 ~ 3 岁的孩子对父母的一切言行都有着强烈的模仿欲望，父母走路、说话、待人接物的举止神态，孩子都看在眼里、记在心上，并努力去模仿。所以，这一时期，如果父母能做出榜样，孩子的叛逆行为将会减少很多。

父母们，从现在开始吧！了解自己的孩子，看懂他们的"叛逆"与"不听话"，洞察他们的情绪，引导他们快乐成长，这是父母作为孩子成长的守护者和引导者的使命和责任。

目录

上篇　可怕的 2 岁孩子

第一章　奇妙的 2 岁，这是孩子最执拗的年龄

2 岁前的孩子在生活中与父母分享了许多愉悦的第一次，给了父母很多欣喜。可自从过完 2 岁生日，父母们会发现孩子身上发生了很多奇妙的变化：他精力充沛，自我意识强烈，越来越不按照你的指令做事……是的，小家伙开始"独立"了。而你作为父母能做的，是无条件接受孩子的"叛逆"，陪他一起成长。

第二章　2 岁孩子的成长表现：人际交往、语言表达、运动能力

身为父母，在教养孩子的过程中，难免有为孩子说话迟、不善于交往而担心的时刻。不过你知道吗，其实每个孩子在社交、语言、数学、习惯养成、运动能力等方面都有自身的发育时刻表，不要太着急，把握好这些关键期积极进行引导、训练，就可以轻松教养出人人称美的乖巧、聪明的孩子。

第三章　解读 2 岁孩子的可怕行为

　　对于 2 岁的孩子而言，随着自我意识的发展，他们常会出现哭闹、发脾气、说脏话等行为，这是一种正常的现象，需要正确的引导。所以，父母不要轻易给予孩子负面评价，以免影响孩子的健康成长。了解该年龄段孩子的行为特点，将更有助于父母与孩子进行有效沟通。

第四章 爱他，就要了解他：与 2 岁孩子相处的技巧

> 2 岁的孩子，时而温和，时而倔强；时而平静，时而搞怪；时而叫人头疼，时而让人喜爱……爱他，就要了解他，牢牢掌握与孩子相处的 10 个技巧，你会发现这个有趣的小家伙并非难以管教。

第五章　2 岁孩子的生活习惯培养

　　2 岁的孩子，小小的身体里藏着热情的种子，对掌握生活技能充满兴趣，跃跃欲试地想自己去做很多事情。这一阶段，父母们育儿工作的重心是培养孩子的生活自理能力和帮助孩子养成良好的生活习惯。这些事情无疑是琐碎的，也充满着挑战，需要有足够的耐心去对待。用对了方法，可以帮助孩子轻松掌握。

下篇　麻烦的3岁孩子

第六章　3岁是孩子人生的第一个转折点：决定孩子一生

度过了美妙的1岁和波折的2岁，3岁的孩子开始趋向于独立，又好像变得更加麻烦。他们开始懂得察言观色，知道怎么去"降伏"你；他们试图左右你的想法，并开始参加一些家庭会议；他们开始挑战家长的权威，因为他们的第一个逆反期到来了……显然，这个时期的教育将会决定他们的一生。这是每个家长都必须要认识到的事情。

第七章　3岁孩子的变化：行为、语言表达和智力发育

在3～4岁这个阶段，孩子的想象力空前提高，他的行为、语言和智力都在飞快地发展着。他从慢走、快跑、玩沙子、画画、堆积木，到与别的孩子一起做游戏、抢伙伴的玩具，再到学着自己穿衣服、流利地说话、自己编简单的故事……他们的一言一行、一举一动都在告诉你：3岁的他已经能做很多复杂的事情了！接着就看父母如何逐一开启他内心通往外面世界的大门了。

第八章　别说你懂孩子的心：3岁孩子行为背后的秘密

为什么孩子怕这怕那？为什么孩子对喜欢的东西总要占为己有？为什么孩子什么事都要说"我不会"？为什么孩子会说谎？为什么孩子会害羞？这些3岁的孩子发生的行为背后蕴藏着许多秘密，需要为人父母者耐心解读。

第九章　爱他，就要了解他：与3岁孩子相处的技巧

3岁的孩子常让父母不知所措。无论孩子表现得缩手缩脚，还是对别人有攻击行为，都会令父母担心。尽管好话说了一箩筐，孩子还是会对父母说"不"，种种逆反表现让人头疼。其实，不用着急，只要父母掌握了一些技巧，孩子有一天会把你感动得热泪盈眶。

第十章　父母必须注意的教养习惯

> 在 3 岁这个时期，养成良好的教养习惯不仅能让你的孩子在身体上保持健康的状态，同时还能培养他良好的个性，也有助于孩子在德、智、体、美等方面的全面发展。如果不在这一时期培养孩子良好的教养习惯，便会错失良机，使其形成不良的行为习惯，进而给未来的发展带来难以弥补的缺憾。因此，明智的家长一定要在孩子 3 岁左右培养其良好的教养习惯。

可怕的 2 岁孩子

第一章

奇妙的2岁，这是孩子
最执拗的年龄

2岁前的孩子在生活中与父母分享了许多愉悦的第一次，给了父母很多欣喜。可自从过完2岁生日，父母们会发现孩子身上发生了很多奇妙的变化：他精力充沛，自我意识强烈，越来越不按照你的指令做事……是的，小家伙开始"独立"了。而你作为父母能做的，是无条件接受孩子的"叛逆"，陪他一起成长。

一、2 岁是孩子心理独立的第一个关键期

1 岁半到 3 岁多的时期，大多数孩子都会出现一些"造反"的行为，从儿童心理发展的角度来说，这是孩子心理独立和自我意识增强的表现。父母充分了解孩子在这个时期的行为和心理特点，才能从容应对孩子的各种"造反"行为，抓住培养孩子能力的契机。

1. 2 岁是"惹人厌"的阶段

经过了忙乱却又美妙的 1 岁，转眼之间，你的孩子 2 岁了。2 岁是一个孩子努力向你展示他自己的阶段，这一阶段的孩子学会了许多新本领——他会自己拿着奶瓶吃奶，捧着杯子喝水，把玩具拆拆装装，喜欢向高处爬，喜欢跑步和走路。更奇妙的是，孩子似乎一夜之间有了自己的主意，从尝试新的食物到玩新的游戏，每件事都可能成为孩子的"探险"。

父母会为孩子的成长感到欣慰，然而，更多的时候，2 岁孩子的行为会让父母感到头疼。他会对你的很多要求都说"不"，不仅会挣脱你的手去做你不让他做的事，还会用他那极其有限的词汇和你顶嘴。不时出现的任性、哭闹，让很多父母焦头烂额。

2 岁半的冬冬是一个活泼好动的"捣蛋鬼"，常常让妈妈感到无奈。有一天，妈妈下班刚一进门，就看到冬冬坐在地上大哭，衣服也湿漉漉的。一问原因，原来是姥姥在卫生间洗衣服，冬冬非要

帮着一起洗，结果弄了一身水。姥姥不让冬冬继续洗，他就开始发脾气，哇哇大哭起来。

周末，妈妈带着冬冬去商场购物，冬冬盯着柜台上跑动的汽车，眼里闪着兴奋的光芒。无论妈妈怎么催促，冬冬就是不肯走。妈妈说家里已经有很多玩具汽车了，不能再买了。冬冬听后，直接就躺在地上打滚儿，引得周围很多人围观，妈妈在一旁也很尴尬。

英语中有一个短语来形容这个阶段，即 "the terrible twos" ——可怕的 2 岁。之所以用"可怕"来形容，其实是由于父母没有做好心理准备。

这一时期的孩子，最爱说"不""我自己来"这样的话；经常任性，难以调教，要求得不到满足就躺在地上大哭大闹……从儿童心理发展的角度来说，这些"造反"行为其实是孩子成长的一种表现。与婴儿时期相比，2 岁左右的孩子已经明确地意识到"我"的存在，也意识到"我"和他人不同。

所以，如果你的 2 岁小家伙偶尔发脾气，并非说明他特别淘气，也不是你教育孩子的方式有问题，而是孩子成长过程中的正常现象。

2. 难缠的第一个反抗期：用语言和行为对你说"不"

彦彦最近多了个口头禅，就一个字："不！"奶奶对他说："彦彦，别玩了，快来吃饭了。"他说："不！"妈妈对他说："彦彦，把玩具收好。"他说："不！"看到这个执拗的小家伙，家人真是左右为难：讲道理吧，他一个接一个地说"不"；吼他吧，嗓门儿刚一提高，他的眼泪就流出来了。

为什么原来乖巧听话的孩子突然老是说"不"？这是因为 2 岁孩子已经进入人生的第一个"反叛期"，"独立"是这一时期的主题。

瑞士心理学家皮亚杰认为，2 岁之前的孩子处于感觉运动阶段。这一阶段，他们的主要任务是学习生存技能，包括吃喝拉撒、爬坐立走、语言表达等。此外，孩子在这一阶段的欲求基本都能和父母的意愿合拍，所以不会表现出明显的叛逆。而当孩子 2 岁后，他们对父母的依赖逐渐减弱，甚至还会产生想要摆脱控制的欲望，因而难缠、反叛也就在所难免了。

通常而言，2 岁孩子的思维有如下主要特征：认为外界的一切事物都是有生命的，喜欢一切以自我为中心，认知活动具有相对具体性，思维不具有可逆性等。除此之外，在这个阶段，孩子还常会和父母唱反调，比如，天冷了不肯添衣服，不让他靠近危险物品他却偏要靠近等。有些父母没有意识到这个阶段孩子的心理变化，对待孩子的态度未做出相应的转变，故而就会出现孩子与父母"顶牛儿"的局面。

在一些西方国家，父母们很乐意听到孩子对自己说"不"，而对那些唯唯诺诺、百依百顺的孩子，他们则比较担忧，担心孩子长大后会成为"问题少年"，用制造麻烦代替说"不"。为什么这些父母们会这样认为呢？因为他们懂得孩子不是在毫无道理地抵抗，而是在坚持自己的主张。越是身体健康、精力充沛、自我意识强的孩子，逆反心理就越强。这表明孩子有了主见，有了自己的思想，是件好事。

如果孩子的主张得以实现，对于其确立"自我"非常重要。相反，如果父母过分干涉、束缚孩子的行为，强迫孩子按照成人的意志去做事情，则会让孩子的自信心大受打击，甚至自我否定，长大后可能会变得性格软弱，缺乏独立生活的能力。

在听到 2 岁孩子说"不"的时候，父母先别急着管教，尊重孩子的天性才能让孩子自由地发展潜质。

父母可以采用以下应对技巧。

（1）在了解的基础上，尽量尊重孩子的想法

父母要知道，当孩子说"不"或者和你"顶牛儿"的时候，他只是在用不恰当的方式表达他的想法。因此，父母应该试着了解孩子的真实想法并尽量给予尊重，让他认为自己是一个独立、有想法的人。尤其是当孩子疲劳、饥饿或身体不舒服的时候，父母更应该理解、体谅孩子，给予他更多的宽容。

（2）将计就计，反其道而行之

既然 2 岁的孩子乐于把"不"挂在嘴边，那么父母不妨将计就计，顺了他的心思，反着来要求他。比如，下雨天父母想让孩子穿上雨鞋，可以反过来跟他说："今天下雨路上很脏，会把漂亮的雨鞋弄脏的，我们不要穿了。"这样一来，孩子很可能就会主动要求穿上雨鞋。父母的"反其道而行之"，同样可以达到自己的目的。

（3）尝试自然后果处罚法，让孩子知难而退

孩子在成长的过程中，为适应自然与社会环境，通常会通过一些行为模式进行试验，即试探——获得反应——自我调整。只有当他们自己亲身经历过以后，才能对自己的行为后果有深刻的认识。因此，父母可以运用孩子的行为后果，让孩子自然而然地受到"惩罚"。比如，孩子不顾父母劝告，非要去摸热水瓶，这时父母不妨在保证孩子安全的前提下，把瓶塞打开，让他的手感受上升的热气。当他感到烫时，就可能再也不会去摸了。

（4）合理地对孩子提出要求

心理学家发现，孩子之所以出现反抗行为，有时是因为父母提的要求并不完全合理。比如，希望孩子乖乖遵守所有规矩，却突然改变日常生活规律并要求孩子适应；再比如，问孩子一些预料中会说"不"的问题。对 2 岁的孩子来说，应该给他一些时间去适应生活中的变化。比如，有些父母想让孩子把玩具给小伙伴玩，让孩子学会分享。但对孩子来说，跟小伙伴交换玩具会比无偿地把自己的玩具给小伙伴更容易。还有在孩子生病的时候，让他休息或者吃一些平常喜欢的零食，比强制他什么都不要乱吃更易于被孩子接受，也有助于缓解其身体的不适。

要注意的是，如果你的孩子常常发怒，经常情绪低落，那就可能不属于正常现象了。父母应及时向医生和儿童心理专业人士寻求帮助。

3. 他开始知道"我"这个字的含义，开始表现自己

从 1 岁半到 3 岁多的时期，大多数孩子会产生自我意识的萌芽。他们的身上可能会悄然发生这些改变。

最爱说"不""我自己来"；

对家中摆放的各种物品产生兴趣，喜欢把物品拿起并扔掉，大人越是把东西一样样收拾好放回原处，他越是扔得起劲；

变得爱发脾气了，动不动就摇头、甩手、大声叫；

开始喜欢自己用手抓饭吃。

从儿童心理发展的角度来说，孩子在 1 岁半左右时"自我意识"会自然地萌芽，而 2 岁正是"自我意识"形成的高峰期。与婴儿时期相比，2 岁左右的孩子已经明确地意识到"我"的存在，也意识到"我"和他人不同，可以表达自己的想法和愿望，同时也逐步学会了自我评价，懂得了"乖"和"不乖"、"好"和"不好"的含义。

一个人的心理发展是否健康，与他早期的自我意识发展是否完善密切相关。成功的人往往善于认识自己、规划未来，拥有良好的自我控制能力。所以，父母抓住 2 岁这个关键时期，发展孩子的自我意识能力是非常重要的。说得远一些，这往往能够决定孩子今后的发展方向。

面对孩子自我意识萌芽期的种种表现，父母应该怎样有意识地培养他的自我意识呢？

在这个阶段，父母要让孩子认识到世界上只有一个"我"。鼓励孩子在镜子前照一照，了解"我"是独特的：有什么颜色的头发、什么样的嘴巴、什么样的眼睛等。要用鼓励的话告诉孩子，"我"很能干，"我"可以自己喝水、吃饭、穿衣、画画，还能走路、奔跑、跳跃。而且，"我"有很多优点，也有一些缺点。

在这个阶段，有些事孩子会要求"自己来"，但他往往会由于动作不够协调等，走路时容易跌倒，用杯子喝水会泼翻，用勺子吃饭会洒在身上，等等，从而造成一些麻烦。对此，父母不要气恼，而要允许孩子失败。不要认为孩子还不能做这些事情，而是让他尝试自己做事情，这对他以后尽快自立有积极的作用。一般来说，受到父母充分尊重的孩子自我意识、独立意识都比较强，长大以后对待别人也比较友善，懂礼貌，举止大方。

对父母来说，当孩子做出让你觉得不高兴的事时，比如爱发脾气、做不文明的小动作等，如果你经常斥责他"不行""不可以"，这些话都会伤害到孩子的心灵，使孩子的反抗心和攻击心增强。与其直接制止他、责打他，不如慢慢地引导教育，也许，少了你的制止孩子还会觉得无趣而停止不该做的动作。

2 岁是培养孩子独立性、自我意识的一个关键时期。当父母们充分了解孩子这个时期的行为和心理特点后，就能从容应对孩子的各种"造反"行为，抓住培养孩子能力的契机，将"可怕的 2 岁"变成"愉悦的 2 岁"。

二、从 2 岁向 3 岁迈进，孩子的智力、体力和想象力迅速提升

孩子在成长过程中，总有某段时间是智力和才能发展的最佳时期。国外相关研究表明：0 ～ 3 岁是孩子大脑发育最快、最关键的时期，而 2 ～ 3 岁更是孩子学习力、创造力和想象力突飞猛进的黄金阶段。父母千万不能在这一关键期疏忽对孩子的培养。

1. 2岁，不可错过的能力提升黄金期

2 岁的孩子已经能展示出很多令父母惊奇的能力。他的词汇量明显增长，可以说不少完整的语句，比如，"我喜欢妈妈""妈妈生气了"，还会使用很多词语，如，受伤、知道、认识、喜欢、生气、高兴等。当孩子说出一个新词时，若你能表现出惊讶的神情并适当赞许，就能极大地激发孩子学习和运用语言的兴趣。

这一时期的孩子，只要是他想做的事情他几乎都要尝试着去做。如果你看到孩子笨拙的样子想去帮忙，建议你还是尽量放手让孩子去做吧，因为他一定不会气馁，会坚持把事情做完。

2 岁孩子的父母通常都会感慨：孩子的模仿能力实在太惊人了。父母做什么，他就会模仿什么。比如，妈妈洗衣服，他也会模仿着打肥皂、搓衣服；爸爸修家具，他要在一旁学着钉钉子；父母带着他去医院打针，回家之后他就能准确模仿医生的各种动作，还会像模像样地给家人"看病"……

看着越来越能干的孩子，有的父母不禁喜上眉梢，积极利用生活中的细节来培养孩子的各种能力。但父母千万别认为，自己的孩子比别人的孩子多认识了几个字、会模仿就是比别的孩子聪明，因为知识并不等同于能力。

2 岁是开发孩子各种能力的关键时期。美国哈佛大学的加纳教授针对这个阶段孩子的智力发育提出了"全脑开发"的新理论。简单地说，就是通过互动体验式学习，培养孩子的形象思维、逻辑思维，以及注意力、记忆力、想象力、模仿力、感知力、理解力、判断力和创造力等学习能力。孩子的成长过程中有多个不同的智力和才能发展的最佳时期，而 2 ~ 3 岁则是孩子学习力、创造力和想象力突飞猛进的黄金阶段，年龄再大一些才是以获取知识为主的阶段。因此，在孩子 2 ~ 3 岁时，父母对孩子应更多地进行感知训练和良好的行为引导，这样才有利于孩子今后人格、品性的全面发展。

2. 心智的发展：给孩子足够的关爱和照顾

从 2 岁向 3 岁迈进的孩子，最大的进步表现在思考能力和解决问题能力的提高上。这个阶段的孩子对周围的事物都有一探究竟的欲望，这是推动孩子主动学习、探求知识的内在动力。为了让孩子的求知欲得到充分满足，父母不要急着去帮助孩子，而是要锻炼他解决问题的能力，这对孩子来说是受益终身的。

看着放在桌上的玩具，2 岁 3 个月的妮妮想拿起来玩，可是够不着。细心的妈妈并没有马上去帮她，而是"按兵不动"。结果，妮妮用不同的办法不停地试探着，偶然间她抓到了桌布，发现玩具动了，后来，经过拖拽桌布，妮妮很轻松地就拿到了想要的玩具。问题终于解决了，妮妮开心得手舞足蹈，妈妈也很欣慰。

妮妮从开始意识到抓桌布能带动玩具，到付诸行动，再到最后获得成功，这是了不起的进步过程。通过自己想办法得到玩具，对于激发孩子解决问题的兴趣是非常有意义的。

每个家长都希望自己的孩子聪明伶俐，那么，该如何开发孩子的智力呢？你不妨依照下面的方法去做。

（1）培养孩子的语言能力

对 2 岁的孩子来说，语言是体现其智力发育情况的一个重要指标。当然，这并不仅仅是看孩子能说多少词语、句子，也要看孩子能否基本理解大人的言语。比如，我们指着孩子的鼻子告诉他这是鼻子，他也能回应，这就是理解了意思。父母要多和孩子交流，向他示范各种表达方式和方法，和孩子说话时可适当放慢语速，让孩子看到发音时的口型，孩子的语言能力才能快速提高。

（2）激发孩子求知的欲望

很多父母想通过一些室内的课程培训来提升孩子的智力，但对 2 ~ 3 岁的孩子来说，最好不要被这种教育方式禁锢。孩子也需要接近大自然，看看美丽的风景，呼吸新鲜的空气，这足以令他的大脑飞快地转起来，激发求知的欲望。

（3）耐心地启发孩子

把玩具放在稍微高一点的地方，当孩子想要的时候，你不要马上拿下来，尝试用启发的口气问孩子："你能自己拿下来吗？我相信你一定能想办法拿到它。"这时，孩子也许会把小凳子搬过来，通过让自己"长高"的方式拿到玩具。如果你的孩子这么做了，你一定要表扬他。这种愉快的经历，将会激发孩子更大的学习热情和强烈的探索精神。

对于2岁孩子的智力开发，父母只要遵循简单、有趣、认知为主的原则就行了。不要让孩子过早地承受学习的压力，多亲近自然，带领孩子去探索生活中的事物，将使孩子获得更为丰富的人生体验，从而自然而然地提升学习能力。

3. 积极探索，强大孩子的内心力量

每位父母都希望自己的宝贝优秀，但仅靠说教、物质激励等方法来培养孩子是远远不够的，孩子的成长最重要的还是靠他自身的内心力量。看看你家2岁小宝贝吧，虽然他看起来"调皮捣蛋"，但其实是他更想尝试用自己的力量去创造生活。

比如，妈妈正在择菜，孩子可能会把择好的菜也扔进垃圾桶。这时，有些妈妈会很生气，甚至会斥责孩子，禁止孩子继续捣乱。也许妈妈是出于怕浪费的心理，认为不能让孩子养成把食材当玩具的习惯。但从孩子的角度看，他可能认为自己已经可以帮助妈妈做家务了，在这个过程中，他体会到的喜悦之情是难以描述的。

再比如，爸爸用锤子钉钉子，固定坏掉的椅子。这时，在旁边看着的孩子也会学着爸爸的样子，拿起自己的玩具锤子钉起来，这种成就感可能是他

有生以来第一次体验到的。可爸爸往往会出于安全的考虑，大声呵斥孩子不要添乱，对此，孩子只能坐在地上哭闹来表示反抗。

2 岁是孩子好奇心增强、精力特别旺盛的阶段，父母应该在确保安全的前提下适当放手，让孩子自己去探索世界。但现实生活中，许多父母常会禁止孩子做某些事情，比如，常对孩子说："别把衣服弄湿了！""别把椅子摇坏了！""别把房间搞乱了！"从成人的角度来看，引导孩子玩什么和不玩什么是非常必要的，但对 2 岁多的孩子来说，这种消极、粗暴的引导反而会打击他们探索世界的积极性，他们只能通过生气、喊叫、扔东西等方式发泄不满、反抗父母，甚至逐渐导致脾气越来越暴躁，不利于其内心世界的成长。

父母要尽可能地创造机会让孩子去独自探索，不要过多限制他，帮助孩子建立强大的内心世界。比如，对 2 岁的孩子来说，他手指的动作更灵巧了，可以独自画画了，积木可以摆得更高了，小铁铲子也用得不错了。父母可以利用孩子的这种能力，让他尝试一个人玩。

2 岁的孩子常常喜欢反复做同一个游戏，父母可以利用这一点，培养孩子自己玩的习惯。如果是女孩，父母可以给她买布娃娃或过家家的游戏玩具，让孩子坐在父母视线可及的地方，她会一边自言自语一边玩。随着孩子想象力的提高，就算父母不在身边，孩子也能进入"过家家"的世界里，独自玩耍。如果是男孩，可以引领他用积木搭建出场景，用小汽车来回穿梭行驶。

独自玩是孩子发挥创意的过程，是自己做主的过程。让孩子按自己的兴趣独自玩，对他建立一个独立、自我意识强大的内心世界是非常有帮助的。

4. 培养想象力的好方法

有的父母说，要从小培养孩子的学习力，于是在孩子 2 ~ 3 岁的时候就急于教他们认字、背唐诗，以为这就是"早教"。有的父母对于孩子什么事都想试一试感到不安，生怕孩子弄脏手、脸、衣服，发生意外或打破东西，结果培养出的是"乖孩子"，等孩子长大了，自主能力往往比较差。

对 2 ~ 3 岁的孩子来说，培养他们的想象力和创造力非常重要。那么，父母该怎样做呢？简而言之，就是让孩子保持天生富有的好奇心，自由发挥想象和直觉。要知道，虽然 2 ~ 3 岁的孩子已经具有一定的主观感受了，但此时他们的创造力有时会表现为破坏行为。所以，在这个阶段，父母在面对孩子的破坏行为时，更应该引导、启发、鼓励他们。孩子在受到正面的引领后，会产生更强的好奇心和创造力，这对他们的学习和进步非常有帮助。

达·芬奇小时候喜爱观察墙上的斑痕或裂痕，在他的眼里，这些斑痕或裂痕是如此特别，看上去就像是许多奇形怪状的动物在那里推推挤挤，又像有魔女要从那里飞出来似的。对此，他的父母并没有阻拦他，而是积极引导，鼓励他去想象、涂鸦，后来他终于成了一位了不起的画家。

对每一个孩子来说，想象力都是他最宝贵的财富。如果看到一个水壶，孩子可能会产生幻想——"那是一条大鱼在张大嘴吼叫"。这时你千万别"自作聪明"，对孩子说"那是水壶，不是鱼"，那会使孩子的想象力受损于萌芽时期。

创造力和想象力是 2 ~ 3 岁孩子极其珍贵的能力之一，父母不能忽视，更不要破坏孩子的这种本能。如果父母能充分利用生活中的经历及时加以开发引导，就能帮助孩子在 3 岁以前开始获得对问题的理解力。这也是教育学专家常讲的非智力因素，如求知欲、想象力、毅力、观察能力等。

积极探索是创造与想象的先导。2 岁的孩子已经开始知道周围事物的名称，语言上也有了很大进步，能说出颜色、形状、感觉等，父母要结合孩子的能力适当刺激孩子的好奇心，促进他的进步。比如，你可以拿来鸡蛋，让孩子了解到鸡蛋打开后的样子是液体状的，然后放在锅里又变成了固体；让孩子摸一摸面粉，软软的、粉末状的，然后再加一点点水，面粉开始变得黏黏的。这些有趣的探索，能消除孩子的恐惧，让他对这个世界永远充满探索的欲望。

当你发现你的 2 岁孩子自己正在进行"创造性"的活动时，即便你觉得太过幼稚不合常识，也不要轻易嘲笑他，以免打击他探索事物的积极性。同时，在日常生活中，父母也要通过创造动手实践的机会强化孩子的想象力和创造力。比如，在为孩子洗澡时，你可以鼓励他尝试用各种不同的容器盛水，通过比较能装多少水来体会容器的大小；你还可以把孩子的各种玩具放在水中，和他一起玩"水上救援"的游戏。

孩子的模仿过程其实也是一种创造。很多父母常说："我煮的菜他就是不吃，真气人。"这可能与好吃不好吃没关系，如果你要矫正孩子挑食的行为，一个很好的办法就是让他与同龄孩子一起吃饭，人多吃饭香，他会变得很有食欲，从而矫正挑食习惯。2 岁的孩子最喜欢模仿，别人的一举一动乃至言谈，样样都要模仿，他们会通过模仿来进行自己的创造活动。

生活中，父母要注意尊重孩子的人格与心理需要，不要一切都是父母说了算，把孩子管束成唯唯诺诺的人。放手让孩子去活动，鼓励孩子积极探索，允许他参与讨论、发表意见。只有这样，孩子才能在充满活力的自主性活动中放飞想象力，感受到创造的快乐。

三、引导 2 岁孩子度过特殊时期

当孩子有了自我意识，开始有了自己的主意，对父母的话不再简单地接受时，父母如果一味地迁就孩子是不行的，要让孩子懂得一些规矩，再视具体情况来关爱他。

1. 当看到孩子"乱来"时，请积极地去理解孩子的动机

2 岁的孩子会对自己更有自信，认为自己对周围的环境和事物有了一定

的支配能力，因此他们会比以往更加积极、主动地尝试去独立完成某件事，而不想要大人的帮忙。当他们想要独立完成某件事情时，一些父母出于溺爱心理，总是担心孩子做不好，怕孩子伤到自己，这也不让动，那也不让摸，这样就从根本上剥夺了孩子锻炼独立的机会。

此外，2岁的孩子正处于热衷"帮忙"的时期。他们敢于尝试，愿意参与，渴望帮助他人并得到肯定，但由于缺乏经验，这些行为往往会成为"捣乱"、帮"倒忙"。所以，生活中经常会看到这样的一幕：爸爸看报纸，孩子要帮着翻；妈妈剥豆子，孩子觉得有趣，也要坚持来帮忙。虽然孩子主动要求做家务是好事，但更多的时候，孩子的"乱来"也让父母很抓狂。其实，如果父母静下心来好好想一想就会发现，孩子并非存心与大人作对，而是试图通过这些行为来建立自己的独立性。

做家务能让孩子提升对周围事物的支配能力，这会极大地增强他们的独立意识。从小就学会干一些力所能及的事的孩子，与从小被溺爱的孩子相比，长大后的能力更强，知识面也更广。应该说，能否合理地允许孩子"乱来"，能否抽出一定时间同孩子一起做事情，是衡量父母是否称职的一把标尺。

当孩子"乱来"时，父母可以这样做。

（1）提供充分的时间

比如，早晨起床后，孩子想帮忙整理床铺，但他叠的被子却乱糟糟的，床单更是皱巴巴的。此时，父母可以尽量安排孩子晚上早睡，和孩子商量好，如果要整理床铺，早上就要比原来早10分钟起床，这样孩子就有充裕的时间学习如何叠被子了。

（2）提供合适的工具

比如，做家务的时候，孩子最爱参与，可2岁的孩子还不及扫帚高。这时，父母可以去超市选购一些小的清扫工具，让孩子用起来更顺手，同时对孩子进行一些安全教育。

（3）提供适合的空间

比如，孩子帮忙洗衣服时，父母可以准备一个小盆，盛上小半盆水，把手绢之类的小东西交给孩子"清洗"，并为他划分一小块地方作为他的"独立王国"，然后约定"互不干扰，各负其责"。这样，孩子就会在他的小天地里自由发挥，既不打扰大人做事，又可以从实践中锻炼能力，获得认知。

美国匹兹堡大学语言学家斯特娜夫人曾说过："天才就是强烈的兴趣和顽强的入迷。每个孩子都有自己感兴趣的事。孩子对他着迷的事会掌握得极快。"所以，换个角度来看待孩子的淘气行为，尽力满足他的独立愿望，培养他的动手能力，启发他的求知欲，对促进孩子的身心发展非常有益。

2. 对孩子进行纪律约束

意大利幼儿教育学家蒙特梭利认为，对孩子的动作下达命令，制定规则与秩序，会促使他们早日学会真正想做的动作。孩子一旦有了方向，动作有了明确的目的，便会安静下来且心满意足，成为一个热切积极的"工作者"。

但是 2 岁的孩子总是会在无意间搞破坏，这是因为"杂乱无章"正是这个年龄段孩子的特征。这时候，如果父母能适时地对孩子的行为进行纪律约束，制定规则与秩序，孩子的积极性就不会受到打击，还能尽快学会并运用规则。比如，在游乐场玩耍时，孩子想坐旋转木马，但是前面排队的人恰好坐满了，这时父母就得教孩子学会等待。

适当的规则与秩序可以帮助孩子养成一定的生活规律，有利于孩子养成独立、专注、积极向上等品格，那么，该如何对孩子进行纪律约束呢？

（1）坚持共同进餐

与父母同桌吃饭，是引导孩子与人相处的极佳方法之一。2 岁孩子的进餐尤其需要安宁、平和的环境，应尽量避免电视机和玩具的打扰。尝试教给孩子一些吃饭的规矩，如不要弄得饭桌上乱糟糟的。如果孩子发脾气了，试着把他带到一个安静的房间去，你会发现孩子很快就会回来的，因为他不想错过一个与家人共处的机会。

（2）愉快地睡觉与起床

对孩子来说，晚餐后几乎所有的时间都是为上床做准备的。父母可以整理一下房间，使家庭环境安静下来，然后与孩子做一些有助于睡眠的互动，让孩子盼望着睡觉。比如，睡前坐到床边给孩子讲个故事，或者唱首儿歌，让他安然入梦。

心情愉快地起床也很重要。提前把孩子的衣服放在床边，孩子就会比同龄人早一点开始学会自己穿衣。同时要让孩子对每天早晨应做的事情建立某种特定的顺序，比如，先穿衣下床，再去刷牙、洗脸、梳头，然后吃饭。

（3）每天完成一个小任务

从 2 岁起，如果父母每天给孩子布置一项小小的任务，对培养孩子养成负责、守时、尊重他人的好习惯非常有帮助。而且，孩子逐渐长大后，让他在每周的同一天做同一件事，如周一到公园散步，周二去超市购物等，会让孩子的生活过得更有规律。

孩子的自由是以有纪律约束为前提的。当孩子养成了好的习惯、了解了生活中的秩序，就不会处处与父母作对了。

3. 父母态度坚决，有利于孩子形成良好的性格

俗话说："三岁看大，七岁看老。"先天因素会对孩子的个性发展有所影响，而孩子 3 岁前的生活经历对其今后性格养成的影响尤其大且明显。在这个时期，父母一定要充分意识到并重视这样的规律。

规律一，你的孩子被宠坏往往是发生在 3 岁之前；

规律二，"可怕的 2 岁"不是不可避免的，而那些对孩子慈爱但过度纵容的父母通常不得不经历孩子"可怕的 2 岁"。

孩子的很多不良行为是由父母或看护者造成的。这些"问题"可能是孩

子极度以自我为中心、达不到要求就哭闹不休、富有攻击性、总是打其他孩子等。

很多教育理念都强调要给孩子爱和自由，但不要忽视一点，给孩子爱和自由的同时一定要有个度。对2～3岁的孩子来说，这个阶段正是立规矩的时候，毫无原则的放任只会给孩子带来不良的后果。

> 与大多数家长一样，形形妈妈对形形总是格外呵护，有求必应。在平时和孩子相处的过程中，形形妈妈往往会第一时间满足孩子的要求。正因为如此，形形养成了很多不好的习惯。比如，形形常常会用摔东西来表达自己的不满情绪、把大人的话当成耳边风、不让干的偏要干、和小伙伴在一起时甚至还会推打小朋友……形形这些任性的行为让形形妈妈十分无奈。

其实，形形妈妈如果仔细回忆一下就可以得出结论：形形的这些坏习惯都不是突然出现和形成的。当孩子第一次扔东西的时候，很多父母并不会阻止，反而会被孩子的这种行为逗得哈哈大笑；当孩子第一次抢东西的时候，有些父母也只是觉得好玩，并不会在意；当孩子第一次推打小朋友的时候，有些父母认为这是孩子偶尔为之，并不放在心上。直到孩子的这些行为成为习惯后，父母才会发现问题的严重性，着急去纠正孩子，而这时得到的回应只能是孩子的哭闹和反抗。

有的父母可能会困惑，如果孩子已经养成了这样那样的小毛病，该怎么办，难道只能束手无策迁就下去吗？实际上，孩子的哭闹可能是在试探父母的底线。如果父母妥协了，他的这些坏习惯将会愈演愈烈。久而久之，他或许真的会成为一个不受欢迎的孩子，毕竟没有人会愿意跟一个爱哭闹、爱抢东西、爱打人的小朋友玩。

面对孩子日渐暴烈的脾气，父母最好的教育方法是既要始终充满爱心，也要态度坚决地予以纠正。

2岁的孩子是个矛盾综合体，既独立又依赖，既可爱又可恶，既慷慨又自私，既成熟又幼稚。他可能话还说不太利索，但父母的言语、行为他都懂，所以父母持有坚定的态度非常重要。

比如，你可以先跟孩子讲道理。千万别小看孩子的理解能力，用孩子听得懂的语言与他交流，给他讲故事，正向的沟通或许会有意想不到的效果。

最重要的是，父母一定要坚持。不少父母在孩子无理取闹的时候，会采取满足孩子要求的方式来解决，以求迅速地稳定孩子的情绪，殊不知，这样会让孩子的哭闹变本加厉。所以父母要养成这样的习惯：做任何事都要事先和孩子说清楚。比如，带孩子外出时，要提前告诉他当天的行程有哪些，要做哪些事，或者规定只能买一件玩具等，并在孩子无理取闹时坚决说"不"。

2岁是孩子自我意识的萌芽期，如果对他百依百顺，容易使孩子形成"自我中心"的性格和做出具有"侵犯性"的行为，不利于良好个性的养成。

面对孩子的任性，只要父母态度坚决，再学会使用一些教育技巧，那么孩子的成长就会远离"可怕的2岁"。

2岁孩子的成长表现：

人际交往、语言表达、运动能力

身为父母，在教养孩子的过程中，难免有为孩子说话迟、不善于交往而担心的时刻。不过你知道吗，其实每个孩子在社交、语言、数学、习惯养成、运动能力等方面都有自身的发育时刻表，不要太着急，把握好这些关键期积极进行引导、训练，就可以轻松教养出人人称羡的乖巧、聪明的孩子。

一、人际：社会能力

2岁是孩子的语言发育敏感期，他已经能用语言表达自己的需求及感觉了。这时进行一些社交将能更好地促进语言、性格等方面的发展。研究表明，孩子的交际能力是从小养成的，父母要尽早鼓励孩子开始与他人的交往，激发出孩子社交的潜能。

1. 2岁，孩子开始有了真正意义上的交往

生活中，很多父母都会有这样的困惑：孩子见到楼上楼下的邻居，或是家里来了客人，总是把脸往父母怀里一藏，从来不主动跟人说话；带孩子到楼下小区去转转，他总是看着其他小朋友玩，不参与其中，或自己玩自己的；别人动他的玩具，他就和人打架，即使对大人讲的道理都听得进去，也会道歉，可之后依旧如此……这到底是为什么呢？

其实，这是孩子会在2岁这个年龄段产生的一种特殊的心理变化。在此阶段，孩子刚开始真正意义上的社会交往，他会逐渐意识到，生活中除了父母还有其他大人，而跟同龄小朋友在一起时，小朋友也有跟自己同样的需求、行为和感受，这种意识会让孩子不太适应。此时，孩子的心里还没有完全建构起社会交往的基本框架，于是胆小、孤僻、霸道等性格特点就产生了。

孩子在社交上表现出来的问题，大致受到四个方面的影响。

第一，父母本身不善于与外界交流，孩子大多数时间被关在室内，与外界联系少，缺乏人际交往的经验。这样的孩子对陌生的人或事物的反应一般

较为缓慢，对不熟悉的环境、人和事物本能地感到害怕，需要较长的时间来适应。

第二，有些父母教育起孩子来总是采取强求他说话、表演等方式。如果孩子因为紧张或缺少心理准备而不愿意照做时，常会受到父母的责备，久而久之，这种挫败感也会导致孩子害怕交往。还有的孩子在家中缺乏规矩的约束，跟其他小朋友玩耍时，往往不能适应讲规矩的游戏环境，因而产生胆怯心理。

第三，孩子缺少固定的小玩伴。现在很多家庭都住得和亲戚比较远，不太方便往来。而住在附近的邻居小朋友，可能某一段时间玩得还可以，但常会因为各种各样的原因不能长时间在一起玩，经常更换游戏伙伴也很容易导致孩子不愿与小朋友交往。

第四，对于 2 岁的孩子，父母带他出去玩时，往往会担心他在玩乐中被"欺负"或"受伤"，尤其怕大一点的孩子撞着他或伤着他，这种担心的心理使父母不能完全放心地让孩子自由地和小朋友接触。

2 ~ 3 岁是孩子社交能力刚刚起步的一个阶段，父母不必为孩子表现出来的各种"问题"过度烦恼。找出原因，有针对性地帮助孩子进行改善，就能顺利地让孩子度过这一阶段。

如果孩子天性胆小，父母也不要着急，要尊重孩子的意愿，允许孩子有一个逐步适应的过程。同时，父母要积极为孩子创造与外界交往接触的机会。比如，常带孩子去小区广场、儿童乐园等小朋友比较多的地方。遇到年龄相仿的小朋友，鼓励孩子主动打招呼，一起玩耍，让孩子帮助其他小朋友做一些力所能及的事情。多肯定，少批评，抓住孩子在交往中的点滴进步给予鼓励，让孩子逐步体会到与他人交往成功的乐趣。渐渐地，你会发现孩子面对陌生人时的焦虑和害羞行为开始减少，逐渐学会和同龄伙伴或成人交往了。

2. 2岁孩子的奇特相处之道

一位妈妈在网络上道出了自己的烦恼。

> 最近，我 2 岁多的儿子越来越霸道了，居然学会了打人。亲戚家的孩子、邻居家的小朋友、游乐场遇到的小朋友，都挨过他的打。我也处罚过孩子，甚至打过他屁股。尽管当时孩子会道歉认错，但过后他仍是屡教不改。我真不知道怎么办才好。

2 岁的孩子爱打人，动不动就"打"的现象并不少见。从 2 岁孩子心理发育的角度看，"打"对孩子来说可能并不意味着不喜欢或愤怒，而是他在用自己的方式和别人交往。比如，当家里来的客人，常会伸手摸摸孩子的小脸、捏捏孩子的小胳膊，逗得孩子哈哈大笑。于是，孩子在和他人打招呼的时候，也会举起小手往别人身上挥。所以，孩子的打人举动可能是在模仿成人的行为，与别人打招呼呢。

2 ~ 3 岁的孩子对语言的运用还没有达到随心所欲的程度，而这时的他已经明显表现出要与伙伴交往的愿望。如何引起旁人的注意或者接近他人呢？这个年龄段的孩子最习惯用的就是肢体语言。2 岁的孩子对自己与小伙伴的身体非常好奇，他会主动去跟小朋友进行身体上的接触。随着孩子语言能力的逐渐提高，他用"打人"的动作代替打招呼的现象会越来越少。

所以，当你看到孩子与小朋友玩耍时大声喊叫，甚至一把把小朋友推倒在地时，不必大惊小怪，因为这是孩子成长过程中再正常不过的行为了。

但如果真的让孩子这么一路"打"下去，结果却往往会演变成争抢、哭闹，其他孩子的家长也会经常来"告状"。那么，如何才能让孩子顺利地与小朋友玩乐呢？

面对孩子打人的情况，父母最应该避免的就是以暴力去教育孩子，像案例里的妈妈一样打孩子屁股的做法是不妥当的。孩子是善于模仿的，打孩子屁股只会加深他对"打"的认识，以后他运用起来会更为"娴熟"。当孩子打人了，父母应记得不要大呼小叫，而是蹲下来和他说话，鼓励他多与小朋友拉拉手、抱一抱，用这种亲和的肢体语言和小朋友交往。

此外，父母还可以提供一个满足孩子需求的环境。2岁的孩子，精力充沛、好奇心强，父母应多带他出去活动。同时，引导孩子通过多种方式接触世界，如看书、听音乐等，这些都会丰富孩子的生活体验与认知。

3. 帮助孩子摸索社交技巧

对2岁的孩子来说，他们不仅要自己在生活中逐渐摸索社交技巧，更需要父母的帮助。与同龄孩子游戏的过程中，父母恰当的言行对孩子学习新的社交技巧非常重要。

（1）做一个理性的观众

孩子的社交行为中有"强"必有"弱"，在玩耍的过程中，孩子被人欺负是常有的事。父母常常会困惑，遇上这种事，该教孩子还手吗？其实，"强势"的孩子在社交中未必占优势，"弱势"的孩子在社交中也未必占劣势。对孩子来说，结交朋友比"不吃亏"的价值更大。所以，父母要尽可能以一颗豁达之心来看待这件事，只要没有伤害身体，你不妨做个理性的观众，因为孩子会自己摸索解决的方法。没过多久你会发现，小伙伴们一分钟前打架，一分钟后又欢笑拥抱了。如果你告诉孩子"他是坏孩子，不要跟他玩"，反而会让孩子脱离群体。

（2）多多夸奖"小气"的孩子

懂得分享，是孩子快速融入群体的法宝。父母经常遇到这样伤脑筋的事：家里来了小客人，孩子表现得特别小气，玩具不给别人玩，图画书不给别人看，喜欢的零食也要一个人独吞。父母不要因此就给孩子扣上自私自利的"帽子"，因为2～3岁的孩子正处于自我意识迅速觉醒的时期，他最先需要学习的不是"分享"，而是"拥有"，父母要允许孩子保有"最爱"的私心。

父母是孩子最佳的分享对象，当孩子把好吃的东西塞到你嘴里时，一定要吃下它，更要不失时机地赞美："真好吃啊！你对我真好！""你真是个大方的宝宝！"鼓励和赞美是孩子学会分享的强化剂，你会发现孩子听到赞美后更愿意与他人分享了。一定不要强迫孩子去分享，即使当时孩子被迫按父母要求做了，但很可能，他不但没有变得大方，反而以后还会不惜以武力来捍卫自己的物品。

（3）逐步建立孩子的规则感

2~3岁孩子的行为大多凭个人好恶，不懂得什么是规则，这也是孩子在玩耍中容易起争执的原因。比如，一群孩子在玩拍皮球，说好了轮流拍，球掉了就换人，可有的孩子技术不高，没拍几个球就掉了，每每此时孩子却不肯放手，直到与其他小朋友发生争抢。父母在孩子与他人交往的过程中渗透规则意识，是让孩子学习社会化的必经之路。父母可以利用排队购票、等公交车等生活场景来教孩子耐心等待；孩子玩耍时，父母要有意识地监督游戏规则，让孩子勇于认识自己的不足，提高他的抗挫能力。更重要的是，要在家庭中摆正孩子的位置，既不溺爱，也不苛求，帮助孩子树立自信心、自尊心、自爱心，这样更有利于他在社交活动中与其他小朋友和谐相处。

二、语言：情感和表达能力

每个孩子都有自己的成长时间表，有的孩子说话早，有的孩子说话则晚一些，但这并不代表说话早的孩子比说话晚的孩子更聪明。总体来说，2岁的孩子已经进入了语言表达期，这一时期是孩子学习口头语言的关键期，父母要有意识地让孩子用语言来表达自己的需求，并教给孩子一些关键词语和句型，促进孩子"说"的能力。

1. 2岁，孩子学习口头语言的第一个关键期

做父母的都盼着孩子尽早学会说话，长大后拥有良好的表达能力。这就需要父母注意把握幼儿学习语言的"关键期"，在此期间给孩子提供充分的语言刺激最容易获得反应，如果错过这一时期，孩子语言学习的时间可能会推迟或者语言能力很难达到最好水平。

国外教育专家研究发现，孩子掌握语言这一技能一般需要 3 ~ 4 年的时间，而语言发育的关键期则是 2 ~ 4 岁。专家认为，2 岁前（9 ~ 24 个月）是理解语言的关键期，2 ~ 4 岁是孩子语言表达的关键期。此时孩子对语言最为敏感，学习效果最佳，而且获得的语言习惯最容易长期保持下去。

那么，如何给予孩子充分的语言刺激呢？语言发育过程中最主要的因素是听觉刺激。举个例子，一个有重度先天性听力障碍的孩子，如果他在语言发育的关键年龄没有得到有效治疗，语言能力就不可能得到相应的发展，同样的，智力也随之不可能正常发展。相反，如果在 2 ~ 4 岁这个语言发育的关键期，医生通过安放人工耳蜗的方法对孩子进行治疗，使其得到有效的听觉刺激，那么失聪孩子的语言能力就可以得到良好的发展。

2 岁是孩子语言能力发展的一个分水岭，只要父母给孩子充分的语言学习机会，他就可以自己学会众多词汇，从而为日后的语言能力奠定重要基础。抓住这一时期多跟孩子说话，多读书给孩子听，是提升孩子语言能力的关键。

2. 2岁孩子的语言大爆炸

美国心理学教授鲍勃·麦克默里认为，孩子学习说话的过程是奇妙的，很多时候不容易被父母注意到，然而，正是这些不易发觉的学习过程的日积

月累，才产生了令人惊讶的必然结果。比如，有些孩子现在对语言运用不熟练，但可能过几周或者过几个月，孩子仿佛一夜间就能极容易地掌握各种复杂的表达技巧了。这种情况，在刚学会说话的孩子身上表现得尤为明显。

一个半月前，湘湘还只会说"妈妈""爸爸"等简单的叠词。有一天，妈妈带她去公园玩，湘湘却说出了一个三个字的词"转圈圈"。这之后，湘湘就进入了语言"爆发"期，语言学习兴趣和能力都超强，跟她说什么，她都会奶声奶气地跟着学。虽然发音不是很准，但也学得有模有样。随着语言能力的发展，湘湘的学习能力也显示出出色的一面。出去玩的时候，奶奶告诉她车牌照上的数字是"8"，接下来很长一段时间，只要看到"8"，她就会开心地大声叫着"8"，慢慢地，她能说的字词和认识的数字越来越多了。

孩子学习语言时存在突然的"爆发"现象。2 ~ 3岁的孩子可能还不会表达较为复杂的语意，但父母说的话他基本上都懂。所以，抓住这一时期教孩子认识一些简单的数字、字母，孩子会举一反三，说出一连串你意想不到的话来。

到了2岁，大多数孩子可以说出三个词以上的完整句子，有些快3岁孩子的词汇量甚至可以达到二三百之多。孩子使用代词和名词已经非常准确了，比如，以前他只会叫"爸爸""妈妈"，但现在可能更多的是"我爸爸""我妈妈"。孩子会记得自己的名字，如果大人不小心把孩子的名字叫错了，他还会生气。因为现在的他正在努力通过语言来认知人与人之间的联系。

作为孩子的第一任教师，父母的一言一行都会潜移默化地影响孩子。因此，身为父母的你，平时无论有多忙，都要尽量抽出时间来与孩子交流，这对提高孩子的语言表达能力非常有帮助。父母在日常生活中可以随时随地和孩子沟通。比如，妈妈给孩子准备水果的时候，可以拿一些水果让孩子回答

"这是什么颜色""你看这根香蕉像什么""你最喜欢哪一种水果"等。孩子是很喜欢大人与他沟通的，特别是当父母用夸张的声调，抑扬顿挫、感情充沛地跟他说话时，他甚至会两眼放光。孩子平时说得多了，他的语言表达能力自然会得到提高。

父母需要注意的是，当你和孩子交流时，不要认为孩子什么都不懂，而应尽量把他当作大人一样，不停地和他对话、聊天，引导孩子用语言来表达自己的愿望、要求和感觉。这样，孩子的语言发展潜力才会被激发，这会为他的健康成长打下良好的基础。

3. 鼓励孩子多说话

2 岁孩子的语言是十分有趣的，虽然听起来简单、断断续续、不完整，但是他们仍然乐此不疲地说话。他们对自己看到的、感受到的、有疑问的事情统统都要说出来，这可能是因为他们突然发现了说话的乐趣：对父母说出自己想得到的东西时，马上就会得到满足；想小伙伴的时候可以互相通电话；时不时还能逗得大人哈哈大笑……这种感觉真好！

但在生活中，也有一些说话晚的孩子，不愿意开口，令父母着急不已。其实，除了性格因素和缺乏社交锻炼外，这可能也与孩子在这一时期受到消极的语言刺激有关。

比如，孩子之前爱说话，常常嘴里嘟嘟囔囔的，说起话来滔滔不绝，父母常会问他在说什么，可孩子发音还不清楚，时间长了，父母不停地纠正，甚至表现出来不耐烦的情绪，这就会挫伤孩子说话的积极性，他会认为说话是父母不喜欢的行为，导致亲子之间出现隔阂，这对孩子今后语言能力的发展和身心的成长是不利的。

另外，语言的多样也会影响孩子说话能力的发展。举个例子，有位妈妈为了让孩子更优秀，从小就让孩子学习两种外语，刚开始孩子跟着学，可过了一段时间，父母发现孩子不爱说话了，急得四处询医。专家说，这是孩子接触的语言种类太多造成的，他不知道该用哪种话说，于是干脆就不说了。所以，在家里要尽量跟孩子用普通话交流，说话的语速尽量放缓，孩子听得懂，就会表达得更好一些。

让孩子多听，多引导孩子，多表扬孩子，他才愿意多说话。对不怎么开口的孩子，父母需要给予其更多的关怀、鼓励和引导。父母要掌握正确的方法，如对孩子报以笑脸，弯下腰来以专注的神情倾听孩子的提问。同时，通过做游戏的方式唤起孩子说话的兴趣，激发表达自己的感受和愿望。

2 岁是孩子语言发展与开始接触社会最为重要的时期。他喜欢向父母表达自己的意愿，虽然只有简单的几个字或一两个词，但父母切不可因为不知如何作答、工作繁忙或者心里烦而怠慢了孩子。引导孩子观察生活，鼓励孩子用自己的话来描述看到的事物，这都有助于提高孩子的说话能力。创造条件，让孩子与小朋友多交流、沟通、倾诉甚至争吵，对发展孩子的语言能力也是大有裨益的。

鼓励孩子多说话的方法有很多，要注意的是，在这个过程中，你只能给孩子正面的引导，不能训斥、责骂他，否则会给他造成压力，养成某些坏习惯就更不好纠正了。父母有这样的意识和责任感，才不会错过孩子语言发育关键期的教养，而你也会在欢声笑语中感受到孩子成长的快乐。

三、数学：数字概念

2 岁的孩子智力发展的表现之一就是开始学会数数。数字是抽象的，但这并不意味着孩子不能掌握其中的规律。比如，你给了孩子一个苹果，再给他一个苹果时，孩子可能会说出"两个苹果"。事实上，大多数 2 岁以后的孩子对数字相当敏感，能清楚地知道"一个"和"两个"之间的区别。如果父母抓住这个关键期培养孩子口头数数、按物点数的能力，那么对孩子的智力开发是大有益处的。

1. 2岁，孩子口头数数，按物点数的敏感期

著名数学家陈省身先生在全球数学家大会上曾说："我们每个人一生都花了很多时间来学数学，但我们其实只是学会了计算，而不是数学。"数学是对生活的抽象表达，很神奇，也很美。

看着孩子一天天长大，嘴里说出越来越多的新词，很多父母会有这样的疑惑，孩子一般多大会数数？会数数的早与晚是否和今后数学成绩好坏有关？

2 岁的孩子心里开始有了数的萌芽，这时父母要帮助孩子理解数的概念，了解简单的几何图形等。此外，父母在发展孩子逻辑思维的同时，还应注重发展孩子的观察力、注意力、记忆力、空间想象能力等。

2 岁左右的孩子可以说出很多无意义的数字，也能逐步学会个别数词，如说出"1""2"或是唱字母歌等，但他们这时还不能正确地运用数字来表示实物的数量。

美国教育学专家认为，孩子计数能力的发展要经历三个不同的阶段：口头数数，按物点数，说出总数。那么，2 ~ 3 岁孩子的计数能力可以发展到什么水平呢？

2 ~ 3 岁孩子口头数数的能力往往会有惊人的表现。大多数 2 岁多的孩子至少可以达到顺数 1 ~ 10 的能力。虽然这是机械记忆的结果，却是计数的必要基础。因为这个时期的孩子正处于从对事物的笼统感知到计数的过渡阶段，他可以笼统地感知物体数量的"多"和"少"，但还不能精确地对物体的数量进行计算，除非接受了特殊的训练。所以，父母教孩子数数，完全可

以从无意义的逐个点数学起，教会孩子 1 ~ 10 的口头数数。

2 ~ 3 岁的孩子还能学会"按物点数"，但这一般只局限于 1 ~ 3 的范围，因为掌握按物点数的技巧要比口头数数困难得多。对数字更敏感的孩子，父母还可以教他用数到的最后一个数来表示总数，这对孩子获取"总数"的概念也有很大帮助。

其实，帮助孩子认识数的概念的方法有很多，比如，走路时教孩子数步数、数店铺，什么方便就用什么，越简单越好。这样，通过一段时间的练习，孩子很快就能学会简单的数学方法了。

研究证明，孩子的数学能力在 3 岁时已经有很大的差异了。那些数学能力强的孩子有一个很明显的共性，就是他们在 3 岁前接触了各种各样有趣的数学游戏，父母也很支持他们。

2. 学数数不等于背数字

说起数数，很多父母常把它与算术、数学相提并论，其实它们并不等同。教会孩子"数数"并不像父母表面所见的那么容易。有些孩子能将数字背得朗朗上口，可在他面前摆出 10 个物体，他却数不上来了；有些孩子虽然能对着一堆物品流利地数数"1、2、3、4、5、6、7、8……"，口中念念有词，但小手却不见得能跟上。

可见，教孩子发出"1、2、3"这些音，和教孩子数数是不一样的。哪怕孩子会数 100 个数了，但对他掌握物体的数量并没太大的意义和帮助。因为这是"小和尚念经，有口无心"。

按物点数相对口头数数要难一些，它需要孩子手、眼、口、脑一致协调，这也是孩子初步理解数量概念的重要一步。口头数数为孩子学会按物点数提供了依据，同时父母应该给孩子更多直观的感知，这样才能为孩子学习数学奠定坚实的"数"和"量"的基础。

对一个只有 2 岁大的孩子而言，首先要让他知道多与少、大与小的区别。你可以通过摆水果的方式，让孩子感知数量的多少。当问到孩子"1"和"2"哪个更大时，他若能不假思索地回答"2"时，说明孩子已经具备了初步的数字概念，这远比让孩子从1数到10更有意义。

积木、毛绒玩具、玩具汽车等都是教孩子学习按物点数的好帮手。父母可以把几个方形积木搭在一起，然后与孩子进行数数的游戏。父母可以事先和孩子讲清楚游戏的玩法："你可以用手从下往上或从上往下摸积木，每摸到一个积木，就要说出一个数字。"父母可以先做示范：当摸第一个积木时，说"1"；接着再摸一个，说"2"；然后再摸一个，说"3"……示范几次后，父母可以抓着孩子的手指，让孩子摸积木，同时自己数数。如果孩子没有成功，父母可以在旁边提示和协助，直到他熟练掌握这个数数方法为止。

要注意的是，在孩子学数数的过程中，父母要适时地表扬他："宝贝真聪明，你已经学会数数了！"如果孩子没有兴趣玩这个游戏，父母也不要强求，可以改天再和他玩。等孩子熟练地掌握了数数的方法后，父母可以逐渐增加积木的数量，以此提高孩子的计数能力。

日常生活中，父母只要一有机会，就可以多跟孩子玩数数游戏。在选取道具的时候，最好选择孩子感兴趣的物品，并且是静止的物品，这样孩子会渐渐喜欢上数数。

按物点数虽然对初学的孩子来说有点难，但只要父母态度温和、有耐心，而且方法得当，孩子一定能渐渐学会的。

3. 把数学藏在生活环境和游戏里

教孩子数数，正襟危坐地学，他自然是不肯合作的。父母得学会巧用方法，将抽象的数学知识，用直观的、做游戏的方法表现出来，才会获得事半功倍的效果。

（1）在户外活动中学数数

游戏方法：带着孩子逛街或外出旅行时，让孩子看着道路的标识牌、店铺的招牌和广告牌，看见了数字就大声地读出来；排队时数数队列里的人数……这样一来，孩子在进入幼儿园之前就能够有数字的概念了。另外，带孩子到大自然里去，数数有几朵花、几棵小树，或者数一下地上的落叶；到公园去，数一下湖上漂着的小船……这些都是孩子学习数数的机会。回家时，还可以教孩子数台阶，和孩子一起往楼上走，边走边数："1 个台阶，2个台阶……"这对孩子掌握数数的能力非常有帮助。

（2）捉迷藏

游戏方法：当孩子躲好之后，妈妈闭上眼睛数"1、2、3"。妈妈当数到"3"时，再开始找孩子。换过来玩的时候，孩子便会明白，当他数到"3"时，才可以去找妈妈。

（3）分糖果

游戏方法：全家团聚的时候，准备好各种各样的点心和糖果，对孩子说："你来招待大家，给爷爷奶奶分糖果好吗？每人10个。"这个新"角色"准会让孩子高兴起来，他会非常认真地履行自己的职责，数10个给爷爷，数10个给奶奶。当然，孩子数错了也不要紧，要求他再数一遍就行了。

（4）认识长与短

游戏方法：妈妈准备几根长短不同的吸管，按照由短到长或由长到短排序，让孩子比比哪根长、哪根短。

（5）认识颜色、形状、数量

游戏方法：将若干积木混合在一起，让孩子根据不同的颜色、形状分成几个组。如按色彩分类，并引导孩子发现蓝色组里有蓝色圆形积木、蓝色三角形积木等；父母还可以向孩子提问："蓝色组里有什么形状？""哪一种颜色的积木最多？"引导孩子区分一下形状，或者引导孩子比较一下分组里积木的多少等。

（6）通过画画学数数

游戏方法：教宝宝画竖线时，可以这样对他说："你看，大灰狼欺负小白兔了，快给小白兔画几根小棍子，把大灰狼赶走。1 根，2 根，3 根……"教孩子画圆形时，也可以说："想吃饼干吗？你自己做吧。数一数，做好几个了？ 1、2、3……"

（7）电话游戏

游戏方法：在节假日里，父母可以和孩子玩一次真实的拨电话游戏。在合适的时间，列出一张亲戚的电话号码，和孩子一起依次给他们打个问候电话。让孩子大声地念出纸上的电话号码，父母负责拨电话；或者让孩子记住父母的电话号码，以此训练孩子记忆不规律的数字组合的能力。

生活中无时无刻不在用着数学，父母没必要抽出专门的时间与孩子坐下来，对他说"现在是数学学习时间"，只需在日常生活中让孩子感知我们是怎样应用数学的就足够了。比如，给孩子称重时，让孩子比较重与轻；让孩子知道自己穿多大号码的衣服，并且能判断哪件合身、哪件不合身；逛商场时告诉他买某件东西必须付多少钱，打折可以节省多少钱；每次在准备做饭时可以让孩子参与，如倒米时让他也拿个木勺子在锅里搅拌，或者让孩子看你是如何调控微波炉温度的高低的，注意要提醒孩子食物温度太高不能摸、不能吃等。这样在日常生活中潜移默化地向孩子传授数学知识，就会让他不知不觉地喜欢上数学，远比正襟危坐地教育的效果要好。

总之，父母要尊重2岁孩子的年龄特征和心理发育特点，以激发、调动其学习兴趣为前提，不拘形式、不限时间地引导孩子边学边玩，这样孩子才能学得更快、更开心。

四、运动：手脑协调能力

孩子到了2岁以后，身体发育非常快。他们的大幅度运动能力正在快速发展。与此同时，孩子在精细动作方面的能力也有很大提高，能翻书、画画、搭积木、配合大人穿衣服。在这一时期，对孩子手脑协调能力的培养是非常重要的。

1. 2岁，孩子的肢体动觉智能快速发展

有一项调查结果显示，40%的父母非常关心孩子的智力发育，却忽略了孩子身体协调能力的重要性，忽略了其大小脑均衡同步发育的重要性。对此，国内育儿专家提示，父母应该合理培养孩子的运动能力，注重孩子智力与协调能力的全面发展，重视其大脑和小脑的同步发育，这样孩子才能学得既快又好，机智又灵巧。

2～3岁这一时期，孩子的骨骼和肌肉发育非常明显，能走、能跑、能跳，活动的空间空前扩大，攀登、跳跃、玩球等方面的运动能力也不断提高。一般来说，2岁孩子的肢体发育大体能达到以下水平：不用妈妈牵着手会自己走路，能推着小车向前走，能手里拿着玩具向前走，有跑的意识并且喜欢跑，能踮脚站几秒，会踢球了，能攀爬架子，可以扶着楼梯上下楼。

这个年龄的孩子喜欢到户外做一些运动，父母可以带孩子进行如下活动。

（1）追跑练习

散步时提醒孩子注意：阳光下和路灯下都会有影子，随着人体的移动，影子也在移动。这样，就可以和孩子一起玩踩影子的游戏了：妈妈可以忽快忽慢，让孩子来追；也可以和孩子互相踩影子，看一看谁能不被对方踩到，踩到后可以大叫："我踩到你的胳膊了！我踩到你的腿了！"游戏时，提醒孩子不要跑得过快，并注意有无过往的车辆、地面是否平整等，以保证安全。

（2）跳跃练习

2岁后，可以让孩子学习双脚同时离地跳跃。训练时，父母应选择在比较平坦、干净的地方示范，双脚离地向上跳起，让孩子也跟着跳。

有机会的话，带孩子去游乐场玩蹦床是个不错的选择，这是2～3岁孩子很喜欢玩的游戏之一。可能刚开始孩子不敢跳，但看着其他小朋友跳起

来，他也会慢慢开始尝试，进而发现其中的乐趣。如果在家，孩子喜欢在沙发上蹦跳，这能提高他的弹跳能力和维持平衡的能力，但父母要注意孩子的安全。此外，父母还可以在高处吊起气球或玩具，鼓励孩子跳起来摘取，或练习投篮，这样不但能锻炼身体，还有利于孩子长高。

（3）金鸡独立

从踮脚开始，慢慢地训练孩子单脚站稳。2～3岁是孩子单足站立能力发展的关键期，父母可以拉着孩子的双手站好，提示孩子提起一只脚，等孩子站稳后先放一只手，再放另一只手。这是一个平衡难度较大的游戏，尽量让孩子试着去做，当他成功了，将极大地增强他的自信心。如果孩子已具备数数能力，不妨等孩子站稳后和他一块儿数：1、2、3……

（4）骑三轮车

2岁半前后，孩子就能练习骑脚踏的三轮车了。要注意的是，父母无须买电动车，因为装备越好，越不需要孩子自己用力，从而失去锻炼孩子自己掌握平衡的机会。父母辅助孩子坐上三轮车，然后轻轻扶着车把，让孩子学会踩踏使车子前进。在孩子熟练掌握以后教他使车子转弯，在这个过程中，孩子将渐渐学会用身体保持平衡。这个活动可以训练孩子的腿部力量以及锻炼孩子的平衡能力。

2～3岁是孩子最乐于自我运动的时期，父母要抓住时机，训练孩子跑、跳、玩球等运动技能，使孩子的体力和身体协调能力得到提升。

要提醒父母的是，在运动之前，要注意周围是否有尖锐、棱角突出的物品，确保安全；在孩子的穿着方面，以吸汗、舒适为主。如果担心孩子在激烈运动时滑倒，可以事先替孩子穿上防滑鞋并做好防护工作。运动后别忘了给孩子喝点水，以补充流失的水分，还要换下汗湿的衣衫，免得受凉。

2. 2岁孩子的神奇小手

2岁以后的孩子，与2岁前时相比，完成精细动作的能力有了明显发展。

骨骼在这一时期快速发育，这使得孩子的手部动作变得更加复杂。比如，他会转动手腕，把东西放到他想放的某个地方。学着拿住东西而不是像以前一样随意扔掉，这是孩子能力的一个巨大转变。这个时期你给孩子一样东西，他会握在手里，直到不小心掉了或被拿走。

满 2 岁时，孩子具备的精细运动能力一般有：不需要大人的帮助就能自己吃饭；能一页一页地翻书；能用手指握笔，模仿画直线；能配合大人穿衣服；等等。手是孩子的第二大脑，研究显示，手的活动越灵活，孩子大脑的开发速度越快。父母教会孩子手部的活动越多，孩子大脑的活动也越活跃。

孩子的精细运动能力怎么样才能得到实质性提高呢？

日常生活中，筷子是开发孩子手脑潜能的好帮手。国内教育专家发现，让 2 岁的孩子学习使用筷子，可以更好地训练手脑并用能力。别小瞧了筷子，实际上它能锻炼手部复杂而精细的动作，因为要用力得当，还要动作协调，才能夹起食物并送至口中。光是夹菜这个动作，就要牵动多根手指，还要加上手腕、肘关节的配合，所以父母可以适当地训练孩子使用筷子。

> 欣欣 2 岁了，已经能非常熟练地用小勺子进餐。有一天，妈妈为欣欣准备了一个新的用餐工具——筷子。看着小巧细长的筷子，欣欣乐坏了，之前看爸爸妈妈用筷子吃饭，她早就充满了好奇。欣欣一把抓住筷子就往菜里戳，可是无功而返。妈妈示范了一遍，纠正了欣欣拿筷子的姿势，当她颤悠悠地刚夹起菜时，不料小手一抖又掉了。这样训练了几天，虽然欣欣使用筷子还是比较费劲，但也有成功的时候，每当顺利地夹取食物时，欣欣就特别兴奋。

虽然 2 岁的孩子还不太可能熟练使用筷子，但这种尝试却是一个良好的开端。刚开始学的时候，父母要向孩子示范正确的姿势，初学时可以用皮筋把筷子的顶部固定一下。而且，训练孩子夹取食物也要先从简单的食物开始，如豆腐干、炒鸡蛋等较完整且表面粗糙容易夹住的食物。多给孩子一些鼓励，逐步增加孩子使用筷子的频率，经过反复练习，孩子终会将这一生活技能练得越来越熟练。

除此之外，父母可以进行一些简单的手部练习。如让孩子把豆子等小物体放进瓶子中，一边放一边教孩子数数；经常让孩子搭积木；和孩子玩折纸游戏；提供一定的条件，鼓励孩子自由画画；给孩子穿脱衣服、鞋子的时候，让孩子主动配合，并鼓励孩子自行完成；等等。孩子的潜能是无穷的，只要父母耐心训练，小手会被他用得越来越灵活。

3. 练出超强平衡力

父母可能会遇到这样的情况：孩子在学会走路后，却不好好地走了，自己独立走时，总是喜欢左摇右摆的，同时伴随着一些可爱的小动作。虽然妈妈让他稳稳当当地走，可小家伙仍然会固执地按他的方式走下去。

其实，这可能是孩子在进行他的平衡感训练呢。平衡感，就是我们的身体架构与地心引力之间的协调能力。孩子在保持身体平衡的过程中，有多个感官参与了进来，如视觉、触觉和听觉等，平衡感把这些感觉结合在一起，才能完成一个个复杂的动作。如果一个人的平衡感不强，就会影响迷走神经功能的发育，一旦这种功能发育不完善，就会给孩子的身体协调能力甚至学习能力带来困扰。

研究发现，2~3岁是平衡感训练的一个关键的时期。如果孩子在这个时期的平衡感发育不良，就会造成站无站相、坐无坐相，拿东西不稳，走路容易跌倒等问题，甚至影响其语言能力的发展及左脑的组织、逻辑能力等。

平衡感对于孩子运动能力的发育有着极其重要的作用，保持平衡看起来是身体的事情，但指挥肢体运动的却是大脑神经。2~3岁是培养平衡力的关键时期，这期间孩子受到的感官刺激很多是通过控制平衡的器官获得的，这些器官刺激着神经细胞，对大脑血液的流动具有促进作用。所以父母在这一阶段对孩子平衡能力的刺激训练越多，孩子的大脑就越灵活。

当孩子在尝试着转圈时，有的父母会觉得容易摔倒，担心对孩子的安全不利。其实孩子爱玩这个游戏也是天性使然，旋转会帮助刺激孩子大脑的前庭系统，孩子能在快乐的旋转中体会到那种眩晕的感觉。

经常和孩子做"不倒翁"的小游戏，不仅能极大地锻炼孩子的平衡能力，还能让孩子体验与父母一起游戏的快乐。游戏的方法如下：父母坐在垫子上，两脚相对，两腿分开，双手握住双脚的脚腕；孩子坐在父母的腿中间，胳膊自然放在父母的腿两侧。父母唱儿歌："不倒翁，不倒翁，怀里抱着小宝宝。左歪歪，右倒倒，摇来摇去摇不倒。"可以一边念儿歌一边做动作。

此外，父母还可以带孩子走平衡木、荡秋千、坐摇马、骑三轮车、跳蹦床等，这些都会促进孩子大脑平衡感的发展。当孩子自己完成一个新的动作时，他会感到很有成就，自信心也会大增。在这些游戏的过程中，孩子可能会摔倒，父母不用担心，因为这是孩子平衡训练的必经过程，父母在旁边注意适当保护就可以了。

生活中，处处都有训练孩子运动的场地，在做好安全措施的前提下，尽量多给孩子自由玩耍的机会。这样不仅能让孩子身体长得壮壮的，更能使孩子大脑的发育越来越完善。

第三章

解读2岁

孩子的可怕行为

对于 2 岁的孩子而言，随着自我意识的发展，他们常会出现哭闹、发脾气、说脏话等行为，这是一种正常的现象，需要正确的引导。所以，父母不要轻易给予孩子负面评价，以免影响孩子的健康成长。了解该年龄段孩子的行为特点，将更有助于父母与孩子进行有效沟通。

一、霸道、任性、脾气大

随着孩子身体的成长，他们的心理发育也在同步进行着，这时，孩子会接触到更多事物，并会做出相应的行为，来表达自己对这个世界的认识。但他们尚处在幼儿阶段，无法对事物做出理性的判断，因此，他们的行为主要源于兴趣和情绪。一般情况下，孩子产生负面情绪时，会很直接地用发脾气来表示自己的不满。对此，父母应加以重视，因为这表明孩子已懂得表达自我意识了。

1. 孩子脾气大的根源是什么

在小区里，2 岁半的佳佳是出了名的坏脾气。小区里同龄的孩子们常在一起玩，佳佳总会去抢别人的玩具，却从来不把自己的玩具与小伙伴们分享。每当她抢别人的玩具时，身边的大人们就会拿出更多的玩具去哄那些被抢的孩子。而佳佳看到别的小朋友拿着新的玩具后依然会去抢，抢不到就躺在地上大哭大闹。这让带她出门的奶奶很尴尬。

从心理学来分析，孩子出现不良行为可能与家庭教育有关：有的孩子缺乏安全感，所以表现出强烈的自我意识，希望得到父母的关注；有的则是父母给予的帮助和照顾过多，导致孩子比较自私；还有的是因为身边的伙伴或者家人有类似的行为，孩子只是在模仿。

　　佳佳之所以这样，其实跟每次去抢其他孩子的玩具时都有人帮她"解围"有关。当她要赖的时候，其他孩子的父母就把玩具让给她，这使她习惯性地认为抢玩具也没有关系，会有大人帮她解决问题。

　　孩子表现出反抗情绪或行为时，父母一定要压制住怒火，尤其不要在人多的时候对孩子加以责骂。必要时，可以采取一些方式转移孩子的注意力。当然，孩子若提出无理要求，父母一定要拒绝，而不是顺从。不要因为孩子小就事事顺着他，等养成百依百顺的习惯后，孩子很可能会通过反抗、发脾气的方式来"要挟"父母。因此，父母要随时关注孩子的心理状态，并适时给予引导，要让孩子明白什么可以做，什么不可以做。

2. 如何安抚孩子的情绪

　　孩子脾气大，象征着他自我意识的萌芽，但孩子出现情绪波动的原因是不同的，父母要区分情况来对待。

（1）强调自我意识的发脾气

　　还不到 3 岁的小强，渐渐变得爱跟父母"作对"，比如父母让他好好吃饭，他偏不。顺着他就一切都好，稍有一点儿不顺着，他就尖叫哭闹，要不就摔玩具。平时，奶奶给小强喂饭，他就不高兴，偏要妈妈喂，假如妈妈在忙家务或做别的事情而没时间喂他，小强就会一直哭闹。

　　许多孩子长大后缺乏独立思考能力和自我控制能力，这都和孩子早期个性受到压制有关。事实上，像小强这样的孩子往往明白自己需要什么，这个时候，用不着和孩子较劲，尊重孩子自己的选择，更有利于孩子发挥自主性。

（2）受到挫折时的发脾气

　　有的孩子自尊心很强，生活中遇到挫折，心里烦闷，脾气就大了。这时父母要理解孩子，不妨带孩子去安静的地方散散步，比如小区的草地、附近的公园等，安静的氛围会使孩子感到舒适，情绪也会慢慢平静下来。

孩子脾气大，家长要分情况来处理。如果孩子是在表达自己的意愿，渴望独立，那么父母要尊重孩子的想法和选择。而对于任性的孩子，父母可以用冷处理的办法，等孩子情绪稳定后，再和他谈这样做有什么不对，时间长了，孩子就会懂得，父母坚持的事情不会因为自己的任性而改变，发脾气是徒劳的。

二、模仿大人说脏话

2 ~ 3 岁的孩子模仿能力极强，几乎能够"复制"大人的一切举止，包括说脏话等不文明行为。在他们眼里，大人们的所有行为都是很新奇的。此时，父母不要以为孩子不听话、很烦人，而是要明白好奇心是孩子成长路上必不可少的工具，合理地引导会帮孩子改善这些小问题。

1. 2岁孩子说脏话的情境

小锋是2岁7个月的男孩子，不久前，爸爸妈妈把他送到幼儿园。几个月之后，小锋逐渐适应了幼儿园的生活。正在爸爸妈妈为此感到高兴的时候，他们突然发现，小锋回家后经常说脏话，比如，妈妈在做饭的时候不让他碰刀具，他就会说："你是个坏妈妈！"爸爸送给他一套儿童工具箱，他用这些工具一本正经地"修理"小板凳，嘴里还念念有词："破东西。"小锋才这么小，就学会了说脏话，爸爸妈妈对此很担心，不知道该怎么办才好。

2 岁 5 个月的甜甜是个乖巧的小女孩，但是最近她不知道从哪里学会了一句骂人的话，每次妈妈不让甜甜吃零食的时候，她就大哭，还一边哭一边骂人。虽然甜甜只会骂一句话，但是妈妈还是很担心，尝试了很多方法帮她改正，但是收效甚微。

小锋和甜甜的表现并非偶然。很多 2 岁多的小孩都会有这方面的问题。有些父母很疑惑，为什么现在的孩子都容易变得满口脏话呢？有些父母还很焦虑，一发现孩子开始说脏话就如临大敌，甚至会严厉责骂孩子。

其实大可不必。2 ~ 3 岁的孩子说脏话是觉得好玩，并非出自"骂人"本意，也不懂得这些脏话的"内涵"，这个年龄段的孩子模仿能力极强，他们的这些表现，都是"照猫画虎"。比如，有时候爸爸带孩子回家，路上被别人撞到，爸爸可能会下意识地骂一两句，孩子瞬间便将此句记在心中，并在他认为适当的时机向大人们"展示这一才能"。

2 ~ 3 岁的孩子好奇心非常强烈，在与小伙伴玩耍的时候，可能会听到其他人说脏话。孩子虽然不懂这些脏话的含义，但是他能敏锐地感觉到这些话的"威力"，爸爸妈妈吃惊的表情，让孩子感到很刺激，并实现了引人注意的目的。

2. 父母要用冷静代替愤怒

当第一次听到孩子说脏话时，父母一定要控制住情绪，不要太激动，因为父母的强烈反应会让孩子觉得这些话果然"有效"，反而强化了孩子"说脏话"的行为，他会在必要的时候再次使用，还会去学更多的"好词儿"。相反地，如果父母能心平气和地应对，孩子得不到想象中的"回复"，慢慢便会对说脏话失去兴趣。

孩子用大量新鲜词儿骂人的同时，也正是父母帮孩子树立正确是非观的最佳时机。2~3岁的孩子并不能理解脏话带给人的感受和伤害，也不能完全判断什么是正确的什么是不正确的，这时候，就需要父母给予正确的引导，把词语的意义解释清楚，告诉孩子什么可以说，什么不可以说，这样孩子就会渐渐形成正确的是非观。

三、无意识和有意识的说谎

出乎很多父母意料的是，2岁多的孩子也开始长心眼儿说谎了。这是不是孩子的道德教育出了问题，需要立即纠正呢？

1. 说谎是孩子成长过程中的必然现象

妈妈准备带着2岁9个月的强强去公园玩，可是电视里正在播强强喜欢的动画片，于是刚出门，强强就大声喊叫："我肚子饿了！"妈妈急忙抱他回家，给他准备好食物，可是这时他又说"我肚子不饿了"。这样一折腾，妈妈便打消了出去玩的想法。

强强晚上不想上床睡觉的时候，就会大叫"我要尿尿了"，可妈妈把他抱到卫生间，他又说"我不尿尿了"，等妈妈一出卫生间的门时，他又叫"要尿尿了"。强强不想睡觉的小心思暴露无遗，弄得一家人又好气又好笑。

父母是孩子的首任老师，父母的一言一行都被孩子看在眼里，记在心里。上文案例中的强强之所以会用"要尿尿"来欺骗大人，肯定是每次都通过这个方式达到目的了。在孩子的眼里，这是一个逃避的方法，若父母不及时纠正，长久下去，孩子很可能会养成不好的习惯，会经常利用这样的方式来达到他的目的。

2. 解析说谎的原因，区别对待

当父母怀疑自己的孩子说谎时，要先搞清楚孩子是不是真的在说谎以及为什么说谎。有的时候父母的判断不一定是正确的，如果没有弄明白事情真相就鲁莽行事，给孩子一通批评，可能会给孩子的内心造成不好的影响，甚至会让亲子关系变得紧张。

孩子说谎的原因一般有以下几种，父母要根据不同的原因进行处理。

（1）无意中说谎

2 岁孩子的语言发展处于一种模仿与猜测相结合的阶段，不能准确地、有目的地反映客观事实，比如，他会把自己做的事说成是小动物做的。另外，由于 2 岁的孩子对物品的归属概念模糊，认为自己喜欢的东西就是自己的，在无意中就会出现一些说谎的现象，比如在与同伴玩耍的时候，会把别的小朋友的玩具拿回家，并且坚持说那是他的。对于这种情况，一方面，父母要帮助孩子分清"所有权"的概念；另一方面，父母还要在日常生活中教育孩子"不是自己的东西不要拿回家"。

（2）为了获得成就而说谎

在婴儿时期，孩子就已经产生了表现欲和表现能力。2 岁的孩子，表现欲会更强烈，比如，学会了用积木搭建一座房子，或者学会了画画，都会高兴地告诉父母。但这个时期的孩子对于事实和虚构的界限还分不清楚，在表现欲的驱使下，会把头脑中产生的许多极其生动、逼真的想象，兴奋地说出来，以满足他的虚荣心。

（3）模仿成人说谎

2 岁孩子的模仿能力很强，成人在社会交往中推托或者敷衍的话，都可能会被孩子模仿，并且在以后遇到类似的情况时加以使用。还有一种情况是，父母的许诺由于各种原因未能兑现，比如，答应周末带孩子去奶奶家，但由于种种情况未能实现，孩子就会认为父母是在说谎，进而产生自己也可以说谎的想法。遇到这些情况，父母首先要向孩子认错，并请求原谅，然后向孩子解释清楚没有做到的原因。

（4）希望实现某种愿望而说谎

2 岁孩子的心理发育还不成熟，对事物的感知能力与成人相比有一定的差距，因此很多孩子常会因为内心的需求没得到满足而说谎，比如，把希望父母带自己去游乐场玩说成父母已经带自己去游乐场玩过了。这种情况下，只要父母满足孩子的需求，就能避免孩子出现说谎的行为。

（5）为了逃避恐惧的事而有意说谎

哲学家罗素说过，"幼儿的不诚实几乎总是恐惧的结果"。当 2 岁的孩子面对一个让他感到害怕的人或环境时，为了消除内心的恐惧，就会出现说谎的行为。面对这种情况，父母其实不必感到愤怒。说谎虽然不好，但换一个角度看，则表明孩子的智力发展是正常的，表明他知道事物的因果关系，这样的说谎是出于保护自己的本能。此时，父母应当态度温和地鼓励孩子表达自己的意愿，向孩子表现出宽容的态度，避免因过于严厉而给孩子造成压力。然后，父母可以明确地告诉孩子，要做一个诚实的人，并鼓励他说出真相；当孩子说出实情后，不要因为他做错事而责怪他，而要教他如何避免再次犯错。这样既能培养孩子的自理能力，也能防止孩子因恐惧而再次说谎。

四、不达目的就要赖

执拗的孩子通常在性格上都是有主见的，他有想法，并且能坚持，但如果父母不顺着他的意思，他就会经常发脾气，很固执，显得不太听话。父母要理解孩子的这种行为，尊重他，安抚他，直到孩子的情绪慢慢平和下来。

1. 如何消除孩子的不良情绪

我们常能看到这样的情景，在公园、商场或超市等场合，孩子想要某一样食品或玩具，父母拒绝购买，孩子便会歇斯底里地哭闹、发脾气，引人围观，让父母觉得难为情。这时，父母很可能会妥协，或者大声责骂甚至动手打孩子。

其实，父母对于孩子当众表现出来的不良情绪要加以区分，如果他仅仅是因为累了或饿了才哭闹，那可以带他吃些营养的餐点，告诉他不要吃不卫生、没营养的食物，因为这样的食物不利于他长身体。带孩子吃营养餐既能让孩子的食欲得到满足，使他停止哭闹，又能让孩子养成健康用餐的习惯。

如果孩子是因为所提要求没有得到满足而哭闹，借以发泄情绪，那么父母一定要保持冷静，不要当着众人的面对孩子发脾气，更不能简单地以"买"或者"不买"来应对孩子。其实，小孩子的注意力较容易分散，易被新鲜事物所吸引，父母只要学会巧妙处理，转移他的注意力，让他去发现更有意思的事情就行了。

无论怎么样，当孩子有坏情绪时，父母要做的就是接受并加以正确引导，而不是简单粗暴地去对待孩子。

2. 孩子耍赖时，父母应该怎么做

还是像上文提到的情况，当孩子的要求未得到满足时，他会很直接地表达他的不满情绪，甚至不顾场合地耍赖。这时，父母也不要操之过急，你要知道，2～3岁的孩子已懂得害羞，你先告诉他，他的行为已影响到周围的人了，当孩子意识到"周围的人都在看我"时，他会收敛脾气。如果这样还不能让孩子有所收敛，父母应该赶快把孩子带离当下环境，到安静一些的地方再与孩子交流。一般来说，当孩子处于相对封闭的环境中时，对前一件事的注意力较容易转移。

当然，在安抚孩子耍赖的时候，父母需要注意的是，你自己的情绪要平稳，不要急躁。要懂得孩子有脾气是正常现象，然后，你要制造一个平等对话的氛围，试着蹲下来，看着孩子的眼睛与他交流。交流过程中，不妨先让孩子释放自己的情绪，再告诉他你为什么不接受他的要求。2～3岁的孩子已有了是非观，当你告诉他"不是只要喜欢就都能带回家"的道理，孩子便会明白自己的错处，并且，他也会认识到，以后再出现这样的情况时，自己应该怎么做。

交流到这种程度时，你可以严肃一些，告诉孩子，哭泣、发脾气不是好行为，要让他明白，除了哭闹，还有更好的交流方式表达自己。不过，父母也应注意，2岁的孩子毕竟还小，开始的交流并不会顺畅，需要有更多的耐心来沟通，坚持几次后，就能看到效果。

五、没有耐心去等待

为了让孩子学会忍耐，父母必须教给孩子两种重要的智力技能：估量、理解时间的能力和领会因果的能力。同时，孩子还需要两种关键的情绪技能：忍受挫折的能力和延迟满足的能力。只有孩子在忍受一些挫折之后，才能做到耐心地去做每一件事。

很多时候，父母会因孩子没有耐心而烦恼，比如，当孩子想要一件礼物时，他一刻也不想多等。对孩子而言，等待确实是一件比较困难的事情。我们成年人在超市收银处排队等待时，或在上下班高峰期堵车时，有时也会没有耐心，何况对很多事物有强烈好奇心的孩子！也就是说，忍耐并不是孩子的天性，而是需要通过父母长期不断的引导才会养成。

有些孩子的性子很急，有时妈妈因与朋友们聊天而冷落他时，他就会激动得在旁边不停地乱叫，要不就是走过来扯妈妈衣角，或干脆伸出手，把妈妈的头硬扭过来，让妈妈看着他。有时孩子找不到东西，也会急得大叫："妈妈，你帮我找找！"

教孩子学会耐心等候，其实对孩子将来学习、工作很有用处，这会让他比别人更游刃有余地处理好一些事情。

那么，如何培养孩子做事的耐心？

首先，对孩子要有耐心。在孩子专心致志地做一件事的时候，父母不要粗暴干涉。比如，孩子正兴致勃勃地画画，如果这时候已经做好饭了，多数父母就会让孩子放下画板，先去吃饭。类似的事情如果经常发生，就会留下太多不能完整做完的事情，容易形成做事虎头蛇尾的习惯。所以，恰当的做法应该是先称赞孩子的创意，如果短时间内可以画完就让他先画完，如果不能，也要在饭后提醒孩子继续完成作品。

其次，不要成为孩子的反面教材。父母要具备自控能力，注意自己的言行，不要让自己的"没耐心"成为孩子的模仿对象。比如，星期天，爸爸妈妈带孩子去游乐园，等公交车的时候，爸爸看看表，说："公交车怎么还不来？打出租车吧！"打出租车去游乐园的路上，又遇上堵车，爸爸的脸马上就"晴转多云"了。到了游乐园，看到拥挤的人群，爸爸又叹了一口气，说："人怎么这么多呀！早知道就不来了！"父母这些不经意的表现，已经给孩子做出了反面参考，对孩子的耐心的培养有很大的负面影响。

最后，要让孩子学会等待。比如孩子提出要马上到楼下散步，并表示不愿意多等一下时，你可以先拿个苹果给他："孩子，等一下，咱们先削个苹果吃，然后再下楼。"同时跟他亲切对话，谈论在楼下会遇到哪些小朋友，或遇到什么样的小动物，这样可以让孩子感受等待的乐趣。类似的情形发生得多了，孩子会慢慢养成愿意等待的习惯。如果孩子提出要求时你恰好不能满足而需要他等的时候，你也可以与孩子积极互动，比如要求孩子念几首儿歌，并表示你最喜欢他念儿歌时的声音或状态。此外，还可以教孩子边玩积木类玩具边计算时间，通过这样的方式，也可以让孩子学会等待。

除了这些简单的方式外，父母还可以跟孩子玩角色互换的游戏，这样，孩子就会对耐心等待有更加深刻的认知和体会。在游戏中，让孩子当"爸爸"或"妈妈"，你来当没有耐心的"小孩"。当他在做事情时，你可以夸张、幽默地表现出不愿意多等一分钟的样子，比如，大声对他说："妈妈，你好了没有呀，我马上就要……"孩子会通过角色互换学会思考，明白等待和耐心的重要性。

第四章

爱他，就要了解他：
与2岁孩子相处的技巧

2 岁的孩子，时而温和，时而倔强；时而平静，时而搞怪；时而叫人头疼，时而让人喜爱……爱他，就要了解他，牢牢掌握与孩子相处的 10 个技巧，你会发现这个有趣的小家伙并非难以管教。

一、孩子开始对新鲜事物产生浓厚的兴趣

　　孩子性格的形成，与父母早期的教育方式有很大的关系。从 2 岁开始，孩子会对周围环境产生浓厚的兴趣，什么都想摸一摸、看一看、尝一尝。所以，给孩子更多的自由，为他们创造机会接触各种新鲜事物和环境，能成功激发孩子的探索兴趣和创造力。

1. 站在孩子的角度去思考，才能真正理解孩子

　　生活中，不少父母不止一次地问自己："让孩子听话为什么就这么难呢？"要知道，想让孩子与父母之间保持良好的沟通，首先要学会站在对方的角度思考问题，才能理解他的内心感受，说好每一句话。

　　如何站在孩子的角度去思考呢？简单来说，就是要学会进入孩子的内心，了解孩子的所思、所想和所盼。这样对孩子的教育才能流畅、愉快和有效。

　　美国教育学专家发现，当孩子有行为错误需要纠正时，如果父母采取很坦诚的办法与孩子沟通，询问原因，倾听孩子的心声，给予关爱和理解，同时体会孩子的感受，那么孩子改正错误并且下次不再犯错的可能性会大大增加。可见，平等地对待孩子，和孩子坦诚沟通，站在孩子的角度看待问题，利用恰当的时机给孩子讲道理，就不容易和孩子产生矛盾与隔阂。

　　在生活中，我们常看到有些 2 岁的孩子爱哭、任性，虽然这是这一阶段孩子独立意识凸显的表现，但这也与父母的态度和教育方式有关。这里，请反思一下自己，教育孩子时，你是否态度急躁，没有耐心？

大多数时候，很多父母习惯高高在上地教育孩子，结果，得到的效果总是与期望相差甚远。

小丝 2 岁半了，妈妈对她的要求一向严格。有次在亲子班活动上，老师要求每位妈妈配合孩子完成一些游戏，可是因为一些小过错妈妈就挖苦孩子太笨了，连一点儿小事都做不好。平时，一旦小丝没有达到妈妈的期望，妈妈就会批评她。久而久之，小丝变得沉默寡言，非常没有自信。

对孩子来说，成人的思维方式、生活方式、处理问题的方式与他们大不相同，父母不要总是以成人的眼光看待孩子的问题，更不能以成人的标准来要求孩子。事实上，事情没做好时孩子自身也很难过。在上面的案例中，小丝的妈妈如果首先表达对小丝的理解，然后再跟小丝一起找到失败的原因。那么，小丝也许就不会失去自信，也不会如现在一样沉默寡言了。

6 岁前是孩子的性格形成期，而 2～3 岁的孩子正处在人生的第一个叛逆期，父母要站在孩子的角度去想问题，多看一些育儿书籍，增长自己的知识，慢慢走进孩子的世界。"己所不欲，勿施于人。"每个人都希望得到他人的理解和认可，孩子更是如此。只有站在孩子的角度看问题，与孩子进行有效沟通，才是对孩子进行成功教育的制胜之道。

2. 和孩子建立相互信任

信任最初的意义，就是相信并给予托付。2～3 岁是培养孩子信任感、希望感的关键期，培养信任感不仅仅要靠语言，更要靠行动。

有的父母认为，对小孩无所谓信任与尊重，关键要约束好，不然孩子会不服管教，因此他们没有耐心倾听孩子的诉说与要求，不分场合地呵斥孩子。这样做不仅容易挫伤孩子的自信心与自尊心，还易使孩子对爸爸妈妈望而生畏。还有的家长为了让孩子听自己的话，孩子说什么就是什么，孩子要求什么就做什么，甚至替孩子说谎，过分夸奖孩子。而孩子稍大一点儿，一旦明白了事理，就会对父母的纵容感到羞愧和愤怒，失去对父母的信任与尊敬，逆反心理愈发严重，父母说什么都不听。

美国著名心理学家埃里克森曾提出"人格终生发展论"。他认为：对2岁左右的孩子来说，其存在的心理社会危机就是"信任——怀疑"。所以，对2～3岁孩子的人格发展来说，最重要的是获得信任感，发展希望感。这个时期如果父母引导恰当，孩子就能形成乐观、自信的品质。

父母要培养孩子的信任感，可从日常的小事做起。比如，经常和孩子拥抱，让孩子感受到强烈的安全感，使他对陌生的世界产生信任，渐渐在内心建立起对他人的信任。此外，父母还要多关注孩子的情绪变化和喜好。

那么，2岁的孩子需要怎样的信任呢？

（1）妈妈是最重要的教育者

孩子对这个世界最初的、最基本的信任感来自妈妈。在孩子生命的最初几年，妈妈若能使他的身心需要及安全需要都及时得到满足，他就会信任妈妈、他人和世界。相反，如果他的需求总不能及时得到满足，久而久之就会渐渐产生悲观情绪、绝望感，从而不利于其形成良好的性格。

（2）采用慈爱和稳定的护理方式

在动物世界里，当小羚羊出生后，羚羊妈妈总会立即想尽办法帮助它站起来，因为这样可以让小羚羊适应环境，躲避危险。与动物一样，人类的婴幼儿时期也需要父母的鼓励与关爱，尤其是妈妈稳定而持续的爱。通常，职场妈妈白天要上班，陪伴孩子时间较少，当孩子会表达自己的情绪时，他会说："妈妈不要上班，妈妈陪我。"这时妈妈一定要安抚孩子，告诉孩子自己只是暂时离开，也要让孩子相信下班后你会陪伴他，这样才不至于伤害到孩子的幼小心灵。

（3）给孩子强有力的保护

父母不仅要给孩子慈爱和稳定的护理方式，更需要给孩子提供强有力的保护，这样会极大地提升孩子对父母的信任感。

> 有一次，妈妈带齐齐到乡下外婆家。由于齐齐在城市生活习惯了，到农村后，他感到什么都新鲜，屋里屋外玩得很开心，妈妈则始终保持一段距离跟在他后面。突然，一只大白鹅从院子的一角冲出来，把齐齐吓得哇哇大哭。这时妈妈一个箭步冲过去，抱起了齐齐。这一瞬间，齐齐在妈妈的怀里寻找到了安全感。

在孩子遇到危险、受到惊吓的时候，妈妈的出现越及时、拥抱越有力，孩子对妈妈的信任感就越强烈。这告诉我们，父母一定要用行动让孩子明白：在这个世界上不要害怕任何事，父母永远都是他最强有力的庇护者。

（4）不能对孩子说谎

信任感不是一朝一夕可以形成的。父母承诺孩子的事情一定要做到。如果明知对孩子说谎不好，但父母还是寻求这种看起来"速效"的方法来安抚孩子的情绪，久而久之，孩子就会对父母产生不信任感。

如果孩子在日常生活中感知到父母是可信任的、安全可靠的，那么孩子就会将这种感知扩大，推及他人。但是如果孩子发现，即使是最信任的父母也会骗自己，那么他对世界的基本信任感和安全感就会相应地受到伤害。

3. 不把自己的意愿强加给孩子

做父母的本应该有颗平常心。著名教育家陶行知先生曾说："不要让孩子成为人上人，不要让孩子成为人下人，也不要让孩子成为人外人，要让孩子成为人中人。"什么是"人中人"？就是尽量少给孩子提一些过高的、难以做到的要求，让孩子成为一个内心能与自己、与他人和谐相处的平常人。

2 ~ 3 岁的孩子对身边的任何事物都有着强烈的兴趣，但有些父母不考虑孩子的实际兴趣，不征求孩子的意见，就让孩子上这个早教班上那个兴趣班，本意是想让孩子"不输在起跑线上"，但可能会得到相反的教育效果：孩子会心生厌倦或产生逆反心理，父母也会产生失望、失落的情绪。还有的父母喜欢支配孩子，把自己的愿望强加给孩子，逼着孩子去做他没有兴趣的事情，这样就可能导致孩子成为按照别人的意志办事、缺少自主意识的人。

研究表明，由孩子在 2 岁时的兴趣可以预测出他长大后的社会行为。所以从这一时期起，父母应积极培养孩子的兴趣，让孩子主动去"玩"。还有科学研究表明，幼年时的情绪管理能力会影响个体一生的发展，所以在孩子早期成长阶段就采用顺其自然、因材施教的办法，更有利于孩子今后的健康成长。

每个孩子都是不同的，分析自己孩子的特点和兴趣，才能找到适合他成长、成才的路。当孩子在对世界的认知和游戏中找到自己的路，在自由的空间里尽情地成长时，他的身心才能健康地自我发展。

有趣的是，很多事例表明，父母越是有一颗平常心，按平常人的模式来培养孩子，孩子越有可能成长为一个"人物"。

二、尊重孩子的想法，选择比命令更有效

在家庭生活中营造出民主平等的氛围，是父母送给孩子最宝贵的财富。在这样的家庭里，孩子会觉得父母是自己可以信赖的人，而不是高高在上的"统治者"。

1. 少用命令的口气跟孩子讲话

苏联教育家巴班斯基曾经说过："如果父母经常用命令的口气对孩子说

话，就会使孩子产生逆反心理，很难收到预期的教育效果。而一直在命令中做事的孩子，会缺乏主动性，容易形成懦弱的性格，不利于孩子的成长。"

很多人都知道跷跷板的原理，跷跷板的两头重量相等就可以保持水平位置；如果一头重、一头轻，就永远不会平衡。父母与孩子的交流也如跷跷板一样，如果父母不放下身段，就永远不能与孩子平等。只有放下父母的威严，像对待朋友那样去和孩子沟通，而不是用命令的方式，才能让孩子感受到尊重，从而与孩子实现平等的交流。

美国前总统富兰克林·罗斯福非常幸运，因为他的妈妈总是尊重孩子的意愿和想法。

罗斯福小时候长得非常可爱，碧蓝的大眼睛，挺拔端正的鼻梁，一头金色的卷发。在罗斯福 2 岁半的时候，妈妈开始喜欢用各种服装来打扮儿子。但妈妈为他选择的衣服，罗斯福却并不喜欢。有一次，妈妈想给罗斯福穿绉边的套装，他大胆地说出了自己的不满。还有一次，妈妈想让儿子穿苏格兰短裙，罗斯福又拒绝了。最后，妈妈妥协了，同意他穿水手服。

不过，在一些重要问题上，罗斯福的妈妈却非常有原则。有一天，全家人围在餐桌边吃饭，罗斯福调皮地把盛牛奶的玻璃杯边沿咬了下来，妈妈立即从罗斯福嘴里掏出碎玻璃片，将他推出餐厅，并严厉地教训了他一通，直到他认识到自己的错误才让他回到餐桌上。

对孩子意愿和想法的尊重，不仅让罗斯福与妈妈之间关系平等，而且使罗斯福从小就非常有主见。

可见，成人与孩子沟通并不难，父母要学会的是在坚守基本准则的前提下，从孩子的角度来思考，以孩子的立场来观察、决定事情，这是对孩子最大的尊重。

2. 让孩子自己来选择

很多父母在家里总爱摆"大人"的架子，对孩子呼来唤去，常对孩子说："你这样不行！""我说的话没错，你得听我的！""不听老人言，吃亏在眼前！"但事实上这种效果并不好，孩子慢慢地就不吃这一套了，将父母一道又一道的命令当作耳边风。

日常生活中，父母平等地和孩子说话，是增强孩子独立意识的有效方式。在与孩子沟通的过程中，你不妨换种说话方式，比如，多用这样的句式对孩子说："我认为……你觉得呢？""我觉得这样不太好，因为……""这件事，妈妈的意见是……"尽量满足孩子的合理要求，把孩子置于平等的地位，充分尊重孩子的意愿和想法。

但要注意的是，对于原则性的问题，父母要讲究技巧。

比如，已经夜里 10 点了，孩子却不肯睡觉，还想继续搭积木。此时父母劝说孩子去睡觉，但是孩子置若罔闻，或哭闹不停。如果父母就此放弃，听之任之的话，孩子就会觉得"不听父母的话也没什么"，那下次也就不会再听了。所以，遇到此类情况，父母可以这样对孩子说："宝宝，搭积木真的很好玩呀！可惜时间不早了，乖孩子该去睡觉了。我们再玩最后 5 分钟，然后去睡觉，好吗？"用这种既称赞了孩子，又不动声色地限定时间的说法，能让孩子感觉受到了尊重，这样一来他可能很快就乖乖地睡觉去了。

再比如，有些父母总抱怨孩子不听话，还老跟父母对着干。而实际情况是，父母在做事情之前，并没有征求过孩子的意见。如果父母就"今天想去哪里玩，怎么去"给出一定的范围，让孩子自己来选择，这不仅是对孩子的尊重，而且让孩子在"选择游戏"中感觉到选择的权利，这时候孩子就会兴冲冲地说出自己的想法，并不再和父母作对。

2 岁的孩子已经有了自己的思想，父母与孩子交流之前要首先对他的心理进行一番"研究"，设身处地地站在他的角度考虑问题，尽量理解他的想法，让他感受到尊重，这样很多问题就迎刃而解了。

3. 如何让2岁孩子更听话

一个 2 岁孩子的妈妈向邻居抱怨：

> 宝贝 2 岁了，越来越有主见了，也开始变得不听话了。跟孩子说话他就当耳边风，你说你的，他做他的。一有点儿不顺心就开始无理取闹，不依他就不行。有时候我实在生气，就只能打他一顿，但是总觉得这也不是办法。孩子才 2 岁，就开始不听大人的话，长大以后怎么教育？

其实，只要掌握了 2 岁孩子的心理特征，就不难对症下药。

心理特征 1：以自我为中心

孩子 2 岁以后，自我意识开始发展，活动的自主性和积极性都有所提高，加上他开始意识到了 "我" 的力量，所以特别有自己的主意，什么事都想参与。但他们的这种表现往往与父母的意愿相抵触。如果父母此时把自己的意愿强加到孩子身上，他就会反抗，进而产生挫折感，时间一长就变得越来越 "不听话"。

其实，孩子就是想按照自己的意愿去做事，想探索周围的世界，进而展现自己的能力。可是很多父母不仅不理解、不支持，还总是想方设法阻止孩子的 "破坏行为"，惩罚他的 "不听话"。这不仅会加剧孩子的叛逆思想，严重时还会导致亲子关系的恶化。

心理特征 2：喜欢和大人对着干，爱说 "不"

> 2 岁多的小雨现在学会顶嘴了。奶奶叫她吃饭，她直接说 "不"，爸爸叫她离电视远点，她又说 "不"，妈妈让她早点睡觉，她还是说 "不"。只要是大人叫她做的，她想都不想就说 "不"。晚上睡觉的时候，妈妈要陪着她，小雨却想自己睡，可妈妈刚一转

身，她又哭着要妈妈陪。当妈妈问她"到底想怎么样"时，小雨便又哭又闹，还在地上打滚儿，把妈妈折腾得够呛。

2 岁是孩子心智发展的一个特殊时期，这个阶段他开始拥有了一定的逻辑思维能力，同时也出现了一些叛逆行为。用说"不"来拒绝大人的要求是 2 岁孩子的正常表现。父母越是生气，孩子越是得意，因为他享受到了说"不"的"成果"。这个阶段，父母应该对孩子的这种行为采取冷处理的方法。因为你越是急着纠正孩子，就越会强化孩子的这种叛逆行为。

那么，父母应该如何去引导孩子，才会让孩子变得听话呢？

（1）在限制、接纳与引导之间，后两项更为有效

严厉管教虽然可以暂时维护父母的权威，却会使孩子失去良好的判断力；而如果一味本着对孩子的尊重过度顺从，则又会陷入溺爱的泥淖。要在不压制孩子自我意识的前提下抚平他的情绪，有一种非常简单易行的方法，那就是由父母给出几个经过筛选且双方都能够接受的选项，然后让孩子自己进行选择。比如，孩子在乱扔玩具时，父母不要直接命令孩子不能随意丢玩具，而是可以换成可供孩子选择的陈述句："你不想玩了可以把汽车放到玩具箱里，或摆在柜子上。"睡觉的时候，妈妈也可以给出类似的选择："咱们是现在上床，还是等妈妈洗完澡后上床？"这样的做法既可以在潜移默化中对孩子的行为进行良性引导，又可以让孩子因为自主选择打破被控制感，进而帮助孩子建立积极的自我意识。

（2）让更多的人参与到孩子的成长中来

研究发现，孩子在面对经常照顾自己的人时，更容易表现出逆反行为。因此，建议家庭其他成员要尽可能多地参与到孩子的成长中来，特别是爸爸，要多陪伴孩子，建立良好的亲子关系。因为在孩子的眼里，爸爸的一言一行都是规则，爸爸陪得多，孩子会比较容易建立规则意识，并更善于等待和控制自己的情绪。

（3）父母要树立好的行为榜样

面对喜欢无理取闹的2岁孩子，父母要做到不发怒、保持头脑清醒地解决问题显然非常困难，但作为父母，这个时候必须做到。当亲子双方都怒火攻心的时候，大人们最好先离开一下，等自己平静后再来解决问题。并且，这样冷处理的方式也能让孩子静下心来思索自己行为的对错，从而树立基本的是非观。父母可以等孩子冷静后对孩子说："你是个乖孩子，不会不听爸爸妈妈的话，那我们应该……"待双方都冷静之后，如此"恩威并施"的劝慰显然要比单纯的训斥或教导更容易让孩子接受。

父母在平时要多了解孩子身心发展的特点及需要，注意给他营造平等、充满爱和理解的家庭环境。"你觉得这么做怎么样？""能不能等一会儿？""你听奶奶的话好吗？"让孩子从小就学会用语言和协商的方式解决问题，以防止孩子情绪过度激动，减少哭闹、耍赖等行为。

三、与2岁孩子相处的10个技巧

面对孩子的任性、调皮，用"武力"让孩子听话的办法千万使不得，等到孩子慢慢大了，父母的"武力"根本不起作用，换来的只是对抗，而且输家一定是父母。要想与孩子相处愉快，最好的办法就是运用一些技巧，引导孩子逐渐养成好习惯。

1. 和你的孩子制定规则

对于将要上幼儿园的孩子，遵守规则会更讨人喜欢。那么，怎么培养2

岁孩子遵守规则的好习惯呢？你不妨从以下几个方面着手。

（1）让孩子了解规则无处不在

利用生活中的各种机会，给孩子讲规则的作用，让孩子了解到，一定的规则能保证我们更好地生活。比如，我们要遵守交通规则，这样才不会发生交通事故；要遵守游戏规则、竞赛规则，这样玩游戏才能有序。为了引导孩子，父母可以时常问孩子：如果不遵守规则会怎样？让孩子自己想想违规的后果，引起他对遵守规则的重视。

（2）让孩子养成遵守规则的好习惯

当孩子能较为清楚地表达自己的想法时，你就可以在家中为孩子制定一些简单的规则了，比如，用完物品后要放回原处，见到熟人要打招呼，按时吃饭、睡觉、起床等。相信孩子，他会做得很好。当然，关键在于父母要督促孩子长期坚持遵守这些规则。

（3）教给孩子做事的方法

有些孩子虽然具备了一定的规则意识，但仍会不时地违规，如不按时吃饭、睡觉等。这时父母就要教给孩子做事的方法，让孩子掌握其中的要领。这是父母培养孩子自理能力的大好时机，帮助孩子寻找又快又好的做事方法和规律，对提高孩子的生活技能非常有利。

（4）让孩子学会控制自己的情绪

2 岁的孩子会有很多需求，当孩子因需求得不到满足而哭闹时，父母不要立即去哄，而要用转移注意力、不理睬、暂时离开等方法让孩子自己冷静下来，让其明白哭闹也没有用。生活中，要鼓励孩子把他的想法用语言表达出来，遇到不合理的要求，父母要和孩子讲清楚道理，坚定立场，让孩子懂得有些规则是不能打破的。

（5）培养孩子的责任感

有责任感的孩子更容易遵守规则。所以，别担心孩子累着或做不好，让他主动承担一些力所能及的家务活，对孩子帮忙和自立的行为予以鼓励、表扬，让孩子认识到每个人都有自己的责任，孩子就会自觉地遵守规则，而且这种自觉会伴随其一生。

2. 允许孩子用自己的方式解决问题

哪个父母不宠爱自己的孩子呢？孩子年龄越小，父母包办的事情就越多。实际上，即使是很小的孩子，他也会用自己的方式来解决问题。比如，孩子觉得床太高上不去，他就会先往地上扔一些枕头、被子之类的"辅助物"，然后再上去，或者会搬个板凳踩着上去。而此时的父母最好不要擅自帮助孩子或替孩子做决定，这样只会扼杀孩子独立行事的欲望。

在孩子遇到问题的时候，孩子可能不需要父母的援助之手，而是需要父母适当的鼓励和一些明确的指导，而父母也要帮助孩子上好这成长过程中不可或缺的一课。

那么，父母怎样做，才对提升 2 岁孩子解决问题的能力有益呢？

（1）直面问题，找出解决方法

在生活中，有的父母可能经常会看到这样的情况：孩子在外面玩，其他小朋友抢他的玩具；孩子想和大哥哥一起玩，但是被拒绝了……遇到这些问题，父母都要先鼓励孩子把自己所能想到的办法都讲出来。父母可以跟孩子分析小朋友为什么抢他的玩具，因为小朋友也想玩，所以可以分享；大哥哥为什么不和他玩，因为大哥哥正在专心盖城堡，最好不要去打扰他。还可以跟孩子一起讨论，选出大家认为最好的办法。这种训练做得多了，孩子遇到问题时就能想出尽可能多的解决办法，从而灵活地解决问题。

（2）创设情境，锻炼沟通能力

美国心理学家的研究成果表明，孩子能否成功解决问题，与其智力没有太大关系，更多地取决于他的经历。要想提高孩子解决问题的能力，让他多实践是最好的锻炼方法。父母可以有意识地为孩子创设机会和条件来锻炼其解决问题的能力。比如去游乐场的时候，可以让孩子自己排队、买票，看他如何表现；与小朋友玩游戏的时候，让他自己去与他人沟通。别小看了这些事，孩子能从中学会与人沟通的技巧，增长应对生活中各种情况的能力。

（3）授之以鱼，不如授之以渔

在孩子 2 岁后，父母要给孩子足够的机会和信心，鼓励孩子大胆去尝试。父母可以在孩子处理实际问题的时候，为其提供选择的可能性，指引孩子处理问题的思路，让孩子自己去思考，去选择，去决定。学习就是需要不断地练习，选择题做多了，孩子自己就会在头脑中形成处理问题的正确方法，之后再通过亲身经历和实践，就能逐渐提高处理问题、解决问题的技能。

孩子在成长过程中会逐渐接触到各种类型的人，遇到不同的问题和麻烦，因而从小培养孩子解决问题的能力，会让孩子在实践中积累经验，得到锻炼，处理问题的能力也会不断增强。等孩子再大一点，你会发现，只要稍加指点，他就能把问题处理得比较妥当。

3. 提前告诉孩子事情的后果

> 每次 2 岁的楠楠和小朋友一起玩之前，妈妈都会告诉她，如果两个人有一个哭闹耍赖，或者发生争执，就不允许再玩了。周末妈妈带楠楠去公园也会事先告诉她，如果她跑到离父母太远的地方，就必须回来。这种方式对楠楠来说非常有效，每次她都会按照妈妈的规定去做。

很多时候，父母看到孩子有了不好的行为，都是立即实施惩罚措施，或者训斥孩子。事实上，对孩子的行为事先拟定一项处罚措施并执行，让孩子明白行为和后果的关系，不仅能让孩子更听话，同时也可以让他明白什么是规则，不守规则就要承担后果。在出去玩或做事情之前，父母最好像案例中楠楠的妈妈一样，向孩子说清楚后果将会是什么，给孩子一个明确的警告。

父母管教孩子有很多种方式，无论是哪种方式，都应该事先向孩子解释清楚。不要等到孩子犯了错，才开始管教、惩罚孩子。如果没提前跟孩子说清楚哪些行为将受到惩罚，那么孩子将对不良行为缺乏认知，不知道大人对他行为的期望是什么，从而重复犯错。

生活中这样的事还有很多，事先与孩子说清楚事情的后果，就能避免之后孩子的任性甚至吵闹。比如，原计划去游乐场，但是刮风下雨了，孩子还是坚持要去，怎么办？你可以跟孩子解释为什么不能去，是因为下雨了，游乐场的很多项目都不能玩，同时与孩子约定下次去的时间。对2岁的孩子来说，他已经什么都能听明白了，和他讲清楚，问题就能解决了。

4. 学会巧妙地转移孩子的注意力

2岁的孩子有一个很明显的特点，即易被一些事情所吸引，哪怕他正在哭闹。所以，当你对孩子的任性头疼时，不妨运用一些方法和技巧来吸引他的注意力，以帮助孩子平复情绪。

（1）"忽略"孩子的不良行为

当父母将注意力集中在孩子的那些不良行为上时，实际上是在无意识地鼓励并加剧孩子的不良行为，如果孩子渴望得到关注的话就更会如此。所以，父母要学会终止孩子的不良行为，适时转移孩子的注意力。平时，父母可以考虑在家中养一些金鱼等，当孩子吵闹的时候，带他去看看这些小宠物，他的注意力就会被有效转移。

（2）改变孩子兴趣爱好的单一性

有的孩子对自己喜欢的东西过于执着，如2岁的瑞瑞喜欢恐龙，看书就要看有恐龙图画的书，看电视要看有恐龙的节目，就连吃东西都要吃恐龙造型的……对于孩子这种单一、偏执的兴趣爱好，父母要耐心地帮助他改变。最简单的办法就是寻找别的替代物，比如，"今天妈妈要给你讲一个恐龙的好朋友——袋鼠的故事，这个故事非常有趣"，并可以拿出相应的玩偶或图片，这种方式能巧妙地转移孩子的注意力。

（3）转移孩子对危险事物的关注

2岁的孩子大运动的能力正在逐渐发展，他们开始喜欢自己探索周围的环境了。看见电视里面的画面，他就会冲到电视机前摸摸；看见电饭锅冒着热气，他也想过去摸一下……这个时候父母大多会迅速把孩子抱开，而此举常常会引起孩子的反感和哭闹。可想而知，父母这种制止的方式太武断、生硬，孩子当然很难接受，所以有技巧性的办法是：父母可以先叫孩子的名字或他喜欢的玩具的名字，吸引他的注意力，然后再巧妙地将他引离危险的地方。

（4）关注孩子的积极行为

所有不听话的孩子身上都会有积极的一面，他们可能爱发脾气，行为也可能具有攻击性，但是身为父母，一定要在这些行为中找到孩子的闪光点。父母应该关注孩子身上那些正确的、可爱的行为，并对这些行为给予积极的评价。

此外，父母还要记住一点，对一个倔强的2岁小朋友来说，他不喜欢做的事，千万不要勉强他，尽量避免与他硬碰硬地发生冲突，用其他方法转移他的注意力才是明智之举，也能顺利达到你的教养目的。

5. 理解孩子追求"一致"的行为

如果你仔细观察家里这个2岁的小家伙，会发现他已经在生活中逐渐建立起属于自己的一套规矩了。比如，吃饭一定要用自己的专用碗筷，进门要换鞋——而且是要求所有的人都要换鞋，有些东西要求摆在特定的位置，甚至连每天什么时间干什么都要按照自己的习惯安排。

这是因为人们日常的诸多行为都源自"天生的"与"直觉的"意识。比如，遇到一件意外事情，你会马上观察别人的应对之道，或者考虑别人可能采取的处理方法。

事实上，孩子这种追求"一致"的心理是非常可爱的，他是从父母那里或者外界学习到的，并且努力在生活中践行。由于这种行为是深藏在潜意识中的，孩子经常在不经意间就做出"一致"的行为。

孩子生活中和父母朝夕相处，日夜相伴，父母在孩子的心目中威信最高，他会对父母的一切言行都有强烈的模仿欲望：父母的走路说话、待人接物等，孩子都看在眼里，记在心上，努力去模仿。而且这种影响是在无意识中产生的，其作用也最直接、最深刻、最持久。所以，父母要做好孩子的榜样，言传身教，帮助孩子在生活中养成各种好习惯。

6. 当孩子与你"交换条件"时怎么办

　　最近，妈妈被 2 岁半的儿子小鹏的"讨价还价"行为弄得心烦意乱。晚上，妈妈要求他睡觉，他会反复跟妈妈讲条件——要吃两块饼干，明天还要去游乐场玩；早上想让他吃个鸡蛋，他说行，但是要求吃完后看一会儿电视。妈妈发现自从在家里实行"平等对话"后，小鹏似乎开始对什么事都谈条件了。

为什么孩子会变成这样？其实一开始，"交换条件"都是父母主动提出来的，比如，有的父母会说"只要你今天好好表现，周末我就带你去公园玩""把饭吃完，我们就出去"。渐渐地，孩子在父母提出要求后，也喜欢上了"讨价还价"，力图争取自己的"最大利益"。

孩子会想，为什么大人能看那么长时间的电视而小孩子不能，为什么总是大人来发号施令，这不公平。公平的办法是他要得到一点补偿，比如每天吃两块巧克力、多玩一会儿游戏……通过讲条件，多少换回点自由。孩子习惯"讨价还价"，会导致父母处于"被动状态"，一旦父母磨不过孩子，就只好妥协了。

"讨价还价"虽然可以增强 2 岁孩子的自主意识，但是如果父母处理不当，就会带来负面影响：一味地妥协会让孩子变得自私；一味地拒绝又会让孩子变得怯懦、无主见，没有兴趣去学习新东西，也逐渐失去探索欲望。久而久之，你会发现，你已经对局面失去了控制，哪怕嘴皮子都磨破了，也不能与孩子就做某件事达成协议。

那么，孩子"讨价还价"时，父母该怎么办呢？

（1）共同制定规则

规则不能由父母自己制定，要在尊重孩子意愿的前提下，与孩子一起协商制定，这样才能激发孩子遵守规则的主动性。父母要用孩子可以理解的语言告诉他为什么制定这样的规则，为什么有些事是不可以讨价还价的。比如，父母与孩子共同规定"上完厕所后洗手"这一条不可以讨价还价，否则手上的细菌就会吃进嘴里，影响身体健康。

（2）分清轻重缓急

在面对孩子的讨价还价时，父母要分清事情的轻重缓急，知道哪些事情必须遵循原则，哪些可以适当妥协。重大原则性问题一定要坚持，不给孩子讨价还价的余地。对于非原则性问题，可以适当让步，给孩子一些自主的空间。比如，对于"先收玩具，再吃饭"这类问题，父母可以做适当让步。

（3）提倡精神鼓励

孩子一旦感觉到可以通过讨价还价获得"好处"，以后就会一直重复这种能满足他需求的方式。如果孩子养成了以物质条件来换取"行动"的习惯，不仅父母会为孩子日益增加的需求而头疼，孩子也会变本加厉地索取。所以，倡导父母对孩子要多进行精神鼓励，如给孩子在额头点个赞，拥抱一下孩子等。精神鼓励不仅可以换来孩子的妥协，还能给孩子带来行动的动力和心理的愉悦，因为精神奖励传达的信息是"我相信你能做好，你很棒"。这对孩子而言比物质奖励要有意义得多。

（4）做好"售后服务"

面对孩子的讨价还价，父母无论是妥协还是拒绝，都要让孩子明白你这样做的道理。对于非原则性问题，父母做出让步后，还要督促到位，不可放任自流。一遍遍地与孩子讨价还价，只会让孩子觉得可能还有机会"得逞"。

所以，别心软，让孩子承担行为的后果，慢慢地，他就会明白讨价还价的代价，从而学会主动放弃要求了。

当然，对父母来说，温和地坚定很重要。也就是说，不用严厉地责骂孩子，更不要威胁、利诱，只要坚持原则、柔声劝阻就行了。如果孩子晚上吵着要吃零食，妈妈得拿出魄力来，用坚定的态度告诉孩子：现在要睡觉，明天早上才可以吃。就算孩子哭闹，妈妈也不能妥协，久而久之孩子就会知道，哭是没有用的，从而乖乖顺从。

7. 引导孩子正确面对挫折

（1）小孩子也有面子

不要以为小孩子不知道什么叫作"面子"。事实上，孩子和成年人一样，他也有面子，也需要得到众人的尊重。当孩子正在体验挫败感或者做错事时，有些父母总爱当着众人的面教训孩子，这时孩子会觉得自尊心受到了打击，后果当然就是无理取闹，和大人对着干了。但是，如果父母能够私下对孩子进行"劝说""鼓励"，孩子往往都愿意听父母的话。

一般而言，孩子在 2 岁左右就知道爱美、爱面子，同时内心也建立起一套评价系统，关注他人对其行为的评价。这时，如果父母想要积极引导孩子正确面对挫折，在态度方面就需要刚柔并济。

当孩子遇到挫折而哭闹时，你不必急着安慰他，可以让他先发泄一下情绪。因为孩子比较小，压抑久了会对其性格形成产生负面影响，但父母过度保护也有可能会剥夺其学习、锻炼与成长的机会。所以，正确的做法是，父母先让孩子哭一会儿，然后抱着孩子，在他的耳边轻声说："妈妈知道宝贝很难过。"这样做的效果会远远胜过说"宝宝不哭，输了没什么大不了的"，因为难过的孩子最需要的是父母的安慰，而不是讲道理。

等孩子的情绪充分释放后，再帮助孩子解决具体问题。如果知道孩子只是很想在游戏中赢，那就鼓励他再练习，争取下次成功；如果孩子只是觉得很丢脸，那么就告诉他输了不丢脸，任何人都会出错，并让孩子知道，父母会永远支持他。通过这样的安慰，孩子很快就能学会如何面对挫折，从而控制自己的情绪。

身教重于言传。安抚之余，你也可以与孩子分享自己遇到挫折是如何克服和解决的，尤其是讲述自己的内心活动和真实想法的一些细节，让孩子学会模仿成人，克服挫折和困难。给孩子心灵成长的正面环境，是挫折教育的关键。

（2）锻炼孩子的抗挫折能力

适当地给孩子出几个难题，会锻炼孩子的潜能。

①批评

孩子对父母的脸色、言语最为敏感，很多小朋友承受能力很差，听不得一点儿批评，动不动就哭起来了。父母要给予孩子必要的纪律约束和适当的批评，提高孩子的抗压能力。如果错误比较严重，批评还可更严厉些，这样反而利于孩子的身心健康。

②惩罚

对于孩子第一次犯下的错误，父母不要觉得心疼而容忍，给予其适度的处罚是必要的，处罚可以是物质上的，也可以是精神上的，这会让孩子学会接受教训。比如，犯错后让孩子待在一个安全的地方反省自己的行为，或者不给他买想要的玩具等。父母也可以创造一些机会让孩子感受挫折，学会自我调节。

③适度忽视

孩子是父母关注的中心，无论是在哪种环境中，父母眼中的主角都是他。但现实中，一旦所处的环境发生变化，比如，上幼儿园后，他就很有可能变得不被重视，那么怎样让孩子快速适应角色变化呢？哪怕你再关爱孩子，也要记得偶尔把中心点转移，让他习惯并适应新的变化，提前为孩子进入新环境做好准备。

8. 如何对2岁的孩子说"不"

这样的场景想必各位父母都很熟悉：带孩子逛商店时，他看到新奇的玩具通常会停下来要求你买给他，哪怕家里面已经有一大堆类似的玩具。对孩子而言，摆在货架上的玩具永远比放在家里的好玩。

有的父母看到孩子喜欢便会心软，经不住孩子的软磨硬泡，觉得买一个玩具又不是什么大事，更何况这样能止住孩子令人尴尬的哭闹。所以最终会顺从孩子，买下那个玩具。

这种做法是不是真的没什么大不了？其实，慢慢地，父母就会发现，孩子会越来越多地利用这种方法去提出他的更多不合理要求，而且手段会变本加厉，不达目的誓不罢休。

这样的状况并不能完全怪孩子，因为这是父母妥协纵容的结果。父母一味地顺从、认可孩子的这种需求，就在无形中强化了他以自我为中心的意识，从而让孩子错误地认为自己的需求是对的，是应该无条件得到满足的。孩子是需要被拒绝的，这能够让他们明确知道，不是所有的要求都能够被满足，也不是想做什么都可以。那么，在什么情况下需要父母对孩子坚定地说出"不"呢？

（1）当孩子不遵守社会规则时

过马路要走人行横道、公共场合不得大声喧哗、买票要排队等候、别人的东西未经许可不能据为己有……这个社会之所以能正常运转，正是因为有这些规则作为保障，所以于情于法，每个社会人都必须遵守。

孩子到 2 岁半以后，就已经有一定的规则意识了，这个时候对规则的违反并非故意，而是不知道。所以，此时孩子再做出出格的事情，父母就要坚定地予以制止，并给予正确引导。比如，"大小便要示意父母""乱扔垃圾不是好孩子""乘坐公交车、购物结账时要排队"等。用规则来教育孩子，用道理来说服孩子，这不仅有利于孩子的健康成长，也有助于整个社会的文明进步。

（2）当孩子伤害自己或他人时

2 岁的小孩，可能会在不经意间对自己和他人造成伤害。

比如，做游戏的时候，他会怂恿别的小朋友和自己一起从矮墙上跳下；追皮球的时候，他会不知不觉就跑到马路中间；生气的时候，他会肆意踢打、咬人……他并不知道这样会给自己和别人带来多大麻烦，他只是想玩得痛快，哭的时候也要尽兴。

这些时候，父母对孩子的过激行为要坚决制止，而制止的理由，并不是一味地指责，而是人际交往中的规则意识和安全意识。比如，对于生气打人这件事，在阻止孩子的同时要先安抚他的情绪，然后告诉他这样会伤害到别人，让他明白，有这样暴力行为的孩子无论在哪里都是不受欢迎的。

（3）当孩子出现无休止的欲望时

正如美国著名华人心理学家张道龙所说，"正是我们自己教会了孩子如何对付我们"。孩子的无休止欲望，都是父母的错误养育方式造成的。一个 2 岁的孩子并不能自主地控制自己的需求，而父母的心软和妥协，就是对这种无限制需求的支持和无限制扩展。所以，对于他们需求的界限，父母一定要明晰，越界就一定要制止，并用行动告诉他："不合理的要求，我不会满足你。只有你确实需要，我才会考虑。"

在上述情况中，父母的"不"，是对孩子的关心、指导和保护，但是，如果父母的"不"说得不合时机，或者太过频繁，也会容易让孩子摸不着头脑，从而演变成对孩子的打击、限制和不信任，所以父母掌握好这个制止的"度"就显得至关重要。

9. 让孩子的世界充满音乐

（1）每个孩子都有音乐潜能

2 岁的孩子处于感知运动阶段。在这一阶段，孩子将建立起认知的基础。音乐则是这一时期开启孩子智慧宝库的钥匙，适时地对孩子进行音乐启蒙，将对他的智力发展起到独特的作用。

对大多数没有经验的妈妈来说，究竟该怎样科学地对孩子进行音乐启蒙呢？

一谈到音乐，父母常会觉得很有距离感。其实，任何人都是有"音乐细胞"的，任何人都有潜在的音乐才能。

社会上流传着这样的话："音乐让孩子更聪明""学音乐的孩子不会变坏"……真的一点儿也不夸张。其实，音乐的好处，还远远不止这些。也许在孩子年纪还小的时候，他无法完全领略音乐的美，但随着心智的成长，他会发现，音乐的美是值得用一生的时间来慢慢领略、慢慢享受的。有音乐天分的孩子，如果能够被及早地发现，那么，将会使这一特殊才能不失时机地得到充分挖掘，把握住发展音乐才能的种种机遇。

有的父母可能会问，怎样才能知道孩子对音乐是否有兴趣或天赋呢？你不妨经常放一些音乐给孩子听，观察他是否喜悦，能否模仿，是否要求成人重复等，这样可以看出孩子对音乐是否有兴趣。一般来说，2 岁的孩子对于音乐，尤其是朗朗上口的儿歌有着强烈的兴趣，听久了，还会不自觉地哼几句，这是强化孩子音乐感知能力的大好时机。

（2）让孩子对音乐充满想象

孩子对音乐的想象不是被动的，而是融入了他对这个世界的感受和记忆，也激发着他的创造力。不信，你看那些喜欢音乐的小孩子，谁不会哼哼些自己创作的小调呢？别看他哼得不着调，这可是孩子即兴发挥的表现。面对孩子的一举一动，父母要运用一些技巧来引导他想象。

①倾听大自然的声音

生活和自然界中有各种奇特美妙的声音，父母应该引导孩子去感受。例如，风声、水流声、波浪声、风吹树叶声、雨滴声以及虫鸣、鸟叫声等，都让孩子试着去听。逐渐地，你的孩子便拥有一双能倾听大自然的灵敏耳朵了。

②培养孩子听音乐时的注意力

"注意"是指人们心理活动的指向和集中之处，是心理活动的一种积极的状态。2 岁的孩子在听音乐时，会聚精会神地倾听，逐步感受乐曲、歌曲的性质，并做出相应的情感反应，如高兴、伤心等，这时父母可以让孩子用表情和简单的动作把这些情绪表达出来。

③教孩子模仿

儿童心理学家曾经指出：儿童学习的过程是从模仿到运用，再到创造的过程。模仿是 2 岁的孩子最基本的学习方式。父母可以选购一些节奏明快、歌词简单、游戏性强的婴幼儿歌曲 CD 放给孩子听，还可以教孩子一些配合歌曲的简单的舞蹈动作。在引导孩子学习欣赏、唱歌、表演、做音乐游戏的过程中，逐渐激发孩子对音乐的兴趣。

初期进行模仿时，孩子可能表现得不够理想，但这并不意味着孩子的音乐才能不高。因为有些音乐天赋很高的孩子，会由于对考察的方式和内容完全陌生，而不能将自己的才能充分展现出来。应该给孩子一个逐步熟悉的过程，然后再进行考察和判断。

（3）给孩子提供一个音乐的环境

在家庭中创造良好的音乐环境，对陶冶孩子的情操有着不可估量的作用。父母可以在家中留出一些空间摆放音乐道具，或为孩子购买一些音乐玩具，如会唱歌的小动物、儿童电子琴等，也可以自制一些音乐道具放在上面，让孩子在活动区里开心地敲打，潜移默化地激发孩子对音乐的审美能力，提高孩子的音乐素养。

①引导孩子感知生活中的音乐韵律

瑞士作曲家、教育家达尔克罗兹强调："没有一种艺术比音乐更接近生命，可以说音乐就是生命本身。"而音乐中最有力的因素就是节奏，节奏是音乐中的"生命脉搏"。节奏在我们的生活当中无处不在，时钟的滴嗒声、水龙头的滴水声，就连古诗词中的韵律都蕴含着节奏，所以父母要善于引导孩子，让孩子多多感知生活中的节奏。

②享受美妙的亲子音乐时光

父母应该创造机会让孩子和自己有一种身体上的亲密接触。只要孩子有机会坐在父母身上，父母便可轻拍、抚摸其身体，这都是在传达爱。父母还可以抱着孩子随音乐的节奏跳舞，或者旋转，或者摆动，让孩子在和父母跳舞的过程中感受到快乐，这样既能增进亲子感情，也能培养孩子对音乐的感受力——这是家庭生活中最温馨美好的时光。

孩子将听到的节奏和身体的运动结合，伴随着强弱、起伏、音高、音调韵律的变化，变换摆动的动作，实际也是在锻炼孩子对音乐节奏的感受能力。父母最好自始至终参与到孩子的音乐活动中去，要用自身对音乐的敏感和理解去引导孩子喜欢音乐、感悟音乐。

10. 明确告诉孩子他哪里做得好，他才会更加好

父母们大都知道，表扬是儿童教育中一种非常有效的手段。表扬就像指南针一样，为孩子指明正确的努力方向，同时也会防止孩子迷失在自以为正确的行为里。

那么，既然表扬这么有效，面对 2 岁的孩子，父母又该如何用好这一手段呢？

（1）不吝于表扬

人的天性就是对不好的事更为敏感，于是，有的父母会因为孩子把饭洒得到处都是而大动肝火，却忽视了孩子今天自己拿小勺把半碗饭吃完了的"壮举"。而且，对于那些父母要求孩子做到的事，父母也往往会觉得因为理所应当，懒得再去表扬。大多数父母都会有这样的想法："这是我告诉他这么做的，为什么还要再去表扬他呢？"

其实不然，如果孩子的某种行为能够得到父母的肯定和赞许，那么，孩子就有可能将这种行为很好地继续下去，任性、不听话的情况也就会慢慢减少，这就是表扬的力量。因此，当父母因为孩子行为上的某些好的变化，哪怕孩子只是按照父母的要求完成了某件事情而夸奖他的话，就会让孩子觉得：哦，原来爸爸妈妈是喜欢我这样的呀，好吧，我会让他们继续喜欢下

去的。

（2）表扬要具体

建议父母要经常表扬孩子，也许有父母会说："我们就是这么做的呀，但是为什么好的行为没有得到强化呢？"那么，父母就要回想一下，你们平时是怎么表扬孩子的？你们真的会表扬孩子吗？

"乖宝宝！""你真棒！""干得好！"这样赞扬的语言，想必很多父母是经常挂在嘴边的。但仔细考虑一下，这些表扬到底向孩子传递了什么。如果你表扬的是在孩子那里已经被认定为"爸妈喜欢"的行为，这样的夸奖自然可以强化孩子的行为和思维，可如果你表扬的只是孩子不经意间做出的某个行为，那么，孩子肯定会混淆你表扬的对象，以为只是在对他表达爱，而不是肯定他的某个具体行为。所以，为了鼓励孩子持续不断的好行为，表扬也要有针对性："宝宝学会自己穿衣服了，真是个好孩子！""你帮妈妈拿了这么多东西啊，辛苦了男子汉！""你认认真真地看了一上午书，真乖！"……这样的表扬，才更为有效。

（3）表扬努力，强调效果

通过表扬，我们想培养的是儿童好的行为规范，所以，赞美儿童所付出的努力和取得的效果，远比仅仅表扬结果更有价值。这样的表扬不仅仅是肯定行为，更能教会孩子如何自我激励，鼓励他继续前进，这才是对孩子长久而有效的鼓舞。比如："这么短的时间你就可以把鞋带系得这么好，真棒！""宝宝的城堡搭得真漂亮、结实，真是个聪明的孩子！""你把蛋糕分给妹妹吃了，看妹妹这会儿多高兴呀！"这类明确性的表扬能让孩子获得成长进步的动力。

（4）用提问表达赞美

有时，大人充满好奇的提问，比普通表扬更能体现出你对孩子的喜欢以及对他所做的事的尊重。比如，"在你的画里面，你觉得哪部分画得最好？"或者"搭起了这么大一个'房子'啊，那我们一家人住哪边？狗狗住哪儿？"这种问话所传递出的关心甚至崇拜，对孩子来说是最大的赞赏。

（5）以"你"为主体的表扬

大家可以对比一下这两种赞美方式——"你把积木搭得真好"和"积木搭得真好"，或者"你没让妈妈叫你就起床了"和"没让妈妈叫就起床了"。很显然，以"你"开头的语句更好。因为对孩子而言，成就感与自豪感是促进他们不断努力的动力，所以，将"你"作为主体的赞扬，往往促使孩子更多地去审视自己，为自己的努力和成果而感到骄傲。

（6）有"预谋"的表扬

"我一说吃饭，你就自己坐餐椅上了，真是个懂事的孩子！""我一叫你，你就过来了，这能帮我节省很多时间。"这种隐含了父母期望在内的赞美，会让孩子在潜意识里强化自己的行为，下次你再叫他吃饭或叫他过来时，他就不好意思拖拖拉拉了。

第五章

2岁孩子的
生活习惯培养

　　2 岁的孩子，小小的身体里藏着热情的种子，对掌握生活技能充满兴趣，跃跃欲试地想自己去做很多事情。这一阶段，父母们育儿工作的重心是培养孩子的生活自理能力和帮助孩子养成良好的生活习惯。这些事情无疑是琐碎的，也充满着挑战，需要有足够的耐心去对待。用对了方法，可以帮助孩子轻松掌握。

一、给吃饭习惯开个好头儿

很多父母常关注于孩子一餐吃多少饭，而忽视了对孩子吃饭习惯的培养。其实，怎么吃比吃什么更重要。改掉一个坏习惯并不容易，父母要保持足够的耐心，这样才能把孩子带上吃的"正道"。

1. 追着喂，还是自己吃

你的孩子吃得好吗？相信很多父母都会觉得根本不用问，怎么会饿着孩子呢？但如果你带着孩子去参加聚会或喜宴，很多孩子在一起吃饭时，就会发现一些问题。有的孩子不等大人落座，就开始动筷子；有的孩子一上桌就一个劲儿地抢着吃自己喜欢吃的，而且把饭菜撒得到处都是；还有的孩子在盘子里毫无顾忌地挑挑拣拣，可旁边的父母还在一个劲儿地帮孩子夹菜，鼓励孩子多吃。且不说孩子的这些吃相看起来很不雅观，更重要的是，这反映出父母对孩子的教养很欠缺。

从前的父母总是这样教导孩子：吃饭得讲究吃相，尤其是在有客人的时候，饭桌上要注意礼貌，不能说话，筷子不能满盘飞。正是这些细节，才能培养出孩子一生的好习惯。但是，现在的父母平时都过于关心孩子是否吃饱、是否挑食的问题，却忽略了孩子怎么吃，只是一味地追着、哄着喂，希望孩子多吃一些。

我们看看国外父母是怎么教育孩子的。

有一对中国的研究生夫妇在瑞士进修，他们因为孩子的吃饭问题真是伤透了脑筋，一天到晚追着孩子喂吃喂喝的。等孩子 2 岁多了，孩子的妈妈要学习，只好把孩子送进幼儿园。吃饭时，阿姨把饭盘放在孩子面前，幼儿园里年龄大点儿的孩子用勺子吃，小点儿的孩子用手抓着吃。但他们的孩子看看这儿，看看那儿，就是不吃，只呆呆地坐在那里。洋阿姨只是比画着启发孩子吃饭，始终不喂他。等到吃饭时间结束，孩子没吃完的饭菜就被收拾走了。

后来，洋阿姨告诉这个孩子的妈妈，瑞士人是从来不喂孩子吃饭的，如果孩子真饿了，他自己会吃的。孩子不会做的事，阿姨只在必要时给他话语上的鼓励和暗示。

事实上，父母强迫孩子去吃，可能会抑制孩子的独立性和创造性。

习惯研究专家周士渊先生认为：培养习惯重在一个月，关键在头三天。习惯并非与生俱来，需要通过不断的努力来培养。2 岁左右正是孩子学习独立吃饭的关键期，与其等坏习惯养成了再来纠正，不如从一开始就培养孩子的好习惯。

吃饭时，父母一定要克制住自己爱子心切的心理，适当让孩子多尝尝各种味道，比如用筷子蘸点醋、菜汁等。也许孩子品尝的时候会用皱眉、做鬼脸来表达自己的感觉，但他的味觉将变得更敏感，从而食欲大增、不挑食、不偏食，顺其自然地自己去吃。

2. 四两拨千斤，孩子吃饭别发愁

每个孩子都有自己吃饭的习惯，或快或慢，或贪食或挑食。一般来说，孩子饮食上的问题主要有以下几种：含饭，吃饭速度太慢；不专心，喜欢边吃饭边看电视，或者滔滔不绝讲话，或者寻找玩具玩耍；挑位子，不肯在餐桌的固定位置吃饭，或靠着、或倒着、或跳舞、或乱跑；挑食，如不喜欢青菜、不吃瘦肉、不吃味道强烈的菜肴、不喜欢吃米饭等；喂食，自己能吃，但不愿意吃。

有经验的父母都知道，不论哪一种习惯，若是靠吓唬孩子解决，次数多了肯定不管用，所以还得讲究方法。方法对了再耐住性子教育下去，自然就能产生令人惊喜的效果了。

> 妈妈带天天和妹妹一起去姥姥家。吃饭的时候，天天吃得津津有味，妹妹却这也不吃，那也不吃，要么吃两口就吐出来。妈妈很生气，便大声地指责妹妹。妹妹看到妈妈生气了，这才乖乖地吃了几口。
>
> 这时，姥姥走过来，俯下身对妹妹小声说了几句话，然后，令妈妈惊喜的事情发生了，妹妹不仅胃口大开，而且边吃边看天天，一脸自信。
>
> 妈妈感到很奇怪，就问姥姥刚才说了什么。姥姥笑着说："我其实只是跟她说'你看哥哥比上次来时又长高了不少，可你还没长高，要好好吃饭才能长得比哥哥高……'"
>
> 妈妈恍然大悟。原来，让孩子好好吃饭这么简单，找到她的兴趣点就可以了，而自己平时显然忽视了这一点。

想让孩子好好吃饭不挑食，并非难事。这就好比一匹马，它不渴的时候，你无论如何也无法让它靠近水槽；而当它渴了的时候，它会自觉地走到水槽边。在教育孩子的时候也一样，在面对诸如吃饭之类看似简单却容易引起亲子矛盾的问题时，父母应该先把问题本身放在一边，巧妙地运用一些方法，比如上面故事里的方法，问题就迎刃而解了。

要想让孩子好好吃饭，父母应该注意以下几个方面。

提前与孩子约定好就餐时间、就餐位置以及就餐的规矩。

不要给孩子买太多零食。如果孩子可以随时吃零食就会对正餐失去兴趣。另外，充足的零食会让孩子产生"不吃饭也可以吃零食"的想法，这样孩子就不会好好吃饭了。

精心制作食物，并注意搭配。

创造良好氛围，避免分散注意力（一定要关掉电视，并尽量做到"食不语"）。

让孩子多参与户外运动，多锻炼身体。身体消耗的能量多了，孩子自然而然地会更有食欲。

让孩子参与餐前准备工作，如擦桌子、摆放碗筷等，进餐时让孩子给不喜欢的食物起个形象的名字。

要注意的是，尽管父母费尽心思增强孩子的食欲，但其实适当让孩子"饿肚子"才是让孩子爱上吃饭的秘诀。如果孩子无论如何都不愿意吃东西，那也许说明他真的不饿，父母不必勉强，可以将饭菜收拾好，让孩子去玩会儿游戏或者看会儿书，等他饿了，下顿饭就会津津有味地吃了。但要注意的是，在让孩子"饿肚子"的时候，直到下顿饭之前，一定不能给孩子任何零食和饮料，不然，就起不到纠正孩子不良用餐习惯的效果了。

生活中，父母要善于多用类似的方法和技巧，这样孩子不好好吃饭的习惯就会慢慢消失，剩下的自然全是好习惯了。

二、养成清洁习惯的关键期

俗话说病从口入，好的清洁习惯是保证孩子身体健康的必要条件。从小养成刷牙、漱口、饭前便后洗手等良好的卫生习惯，对孩子来说是受益终身的。2 ~ 3 岁是孩子习惯养成的重要时期，抓紧这个时期进行培养，将收到事半功倍的效果。

1. 创造快乐的刷牙环境

每位父母都希望孩子拥有一口坚固结实的洁白牙齿，所以帮助孩子养成早晚刷牙、饭后漱口的习惯非常重要。

但有的父母认为，反正孩子的乳牙要换，因此不注意对它们的保护，这是非常错误的。如果不注意保护乳牙，一旦变成龋齿，将影响孩子吃东西，进而影响对食物的消化与吸收，不利于孩子的成长发育。而且，乳牙被龋蚀还会影响恒牙的发育。父母一定要注意保护孩子的乳牙，培养孩子养成良好的口腔卫生习惯，如漱口、刷牙，睡觉前不吃糖果、饼干等零食。

2岁孩子的好奇心很强，对于刷牙习惯的建立，父母可以给他提供模仿的对象。刚开始的时候，很多孩子会很想学刷牙，但因为不得要领而放弃，出现不配合的行为。这个时候，父母可以给孩子做示范，或者看看电视里的刷牙节目，耐心教孩子怎么刷牙。

一般来说，刷牙有以下几个步骤。

首先，刷牙齿外侧，以两三颗牙齿为一组，以横竖结合的方式，呈"M"形来刷，先刷上齿，再刷下齿。

然后，刷牙齿的内侧面，重复上面的动作，刷牙齿内侧时，要把牙刷立起来，以适当的力度从牙龈刷到牙冠，上下齿都这样刷。

最后，刷牙齿的咬合面，即用牙刷在咬合面上前后移动。

这个步骤并不复杂，但对初学刷牙的2岁孩子来说，并不能一次就掌握。因此，父母在教孩子刷牙时一定要有耐心，多教几次，帮助孩子体会刷牙的快乐，并让他明白，拥有健康的牙齿有多么重要。当孩子成功完成刷牙的全部过程时，一定要给予表扬，以此激发孩子对刷牙的兴趣。

除了教刷牙方法和给予适当表扬外，父母还需要注意以下细节。

（1）利用牙刷激发孩子的兴趣

孩子喜欢有趣的东西，牙刷上有孩子喜欢的图案或其造型可爱时，能让他喜欢上刷牙。同时，别忘了给孩子配同款的杯子、毛巾等物。另外，孩子一定要用专用的儿童牙膏。

（2）让孩子了解牙齿健康的重要性

2 ～ 3 岁的孩子，虽然理解能力并不强，但已能明白父母表达的意思。这时，父母可以通过讲故事的方式，告诉孩子拥有健康的牙齿有多么重要。对孩子来说，一个有趣的故事远比你仅仅告诉他蛀牙的危害更有效。

（3）通过刷牙比赛来培养孩子的好习惯

孩子初学刷牙时，尽管你说清楚了方法，他还是会拿着牙刷满嘴乱塞，这样容易伤到柔软的口腔，同时也对牙齿健康不利，那么，如何引导孩子正确刷牙呢？比赛是个不错的方式。比如，刷牙前，让爸爸陪儿子一起洗漱，或一家人争着刷牙，并约定时间和方式，父母一方可以做"裁判"，谁刷得好就奖励谁。当然，"裁判"一定要公正，不能敷衍孩子。

此外，父母一定注意不要把诸如"孩子不喜欢刷牙"之类的话挂在嘴边，因为孩子对刷牙的兴趣，完全取决于父母的态度，你可以这样说："我家宝宝可喜欢刷牙了，看他的牙齿白白的，多好啊！"如此鼓励，孩子还会拒绝刷牙吗？

2. 洗澡其实很好玩

> 每次洗澡，形形都哭个不停，嗓子都哭哑了，弄得每次洗澡都得全家出动才行：一个人负责不让她的手乱抓乱动，另一个人负责托住她，妈妈负责给她洗。有的时候甚至三个人还搞不定，该怎么办呢？

孩子长到 2 ～ 3 岁时，洗澡成了一件麻烦事。这时候的孩子不像以前那么"守规矩"了，有的孩子甚至一到洗澡时间就大哭大闹，无论父母怎么哄都没用。三番五次之后，父母难免会责怪孩子任性，其实孩子抗拒洗澡很有可能是之前有过不愉快的洗澡经历，比如水温不合适、房间温度过低、父母的手太凉或动作鲁莽，都会让孩子对洗澡这件事感到不安，从而产生抵触心理。

那么，如何纠正孩子不愿意洗澡的习惯呢？很简单，只要弄清楚孩子为什么不愿意洗澡，问题就迎刃而解了。一般来说，2～3岁的孩子已有了好恶心理，当他在做自己喜欢的事情时，父母要他洗澡就影响他的情绪，他便会不开心，进而对洗澡产生抗拒心理。面对这种情况，父母可以尝试使用一些方法来转移孩子的注意力。

（1）让孩子放松

合适的浴具能让孩子放松心情。父母可以根据孩子的年龄选择浴具，比如小澡盆、质地柔软的浴巾等，这些能让孩子感觉洗澡是件舒服的事情。有的孩子不愿意老老实实坐在澡盆里，父母也不要勉强，可以让他站着洗澡，或者尝试转移孩子的注意力，给孩子唱首儿歌或者讲一个小故事。

（2）让玩具参与洗澡

在浴盆里放一些孩子喜欢的玩具，如会叫的橡胶娃娃和小动物、洗澡书等，这些玩具的陪伴会使孩子转移对洗澡的关注度。他玩得高兴的同时，你也可以从容地为他进行"全身大清洗"。当孩子意识到洗澡很轻松、很好玩时，他甚至会主动要求洗澡。

（3）让孩子自己动手

2～3岁的孩子对很多事物都有浓厚的兴趣，比如花洒、浴液、澡巾等。在孩子洗澡的同时，可以适当让他自己动手，准备自己的毛巾、自己涂抹浴液等。在做这些事时，父母要耐心地指导孩子用正确的方式操作，这样也会让孩子爱上洗澡。

此外，在帮助孩子清洁身体时，父母也要注意一些方法，不要把肥皂或者沐浴露直接倒在孩子身体上，而是先用自己的手抹一点，再轻轻地在孩子身上抚摸，这样的感觉柔柔的、暖暖的，比较舒服。你还可以在孩子的额头上戴一个洗发圈，阻止水溅到孩子的脸上和眼睛里。如果孩子实在觉得洗澡是件难以忍受的事，那么父母最好选择能够同时清洗宝宝头发与身体的婴儿沐浴用品，尽量缩短孩子的洗澡过程。

总之，避免以粗暴的态度和行为来强迫孩子，尊重孩子的需求，这样会让孩子逐渐放下对洗澡的抵触，主动配合。

3. 饭前便后要洗手

乐乐有个坏毛病，就是不愿意洗手。妈妈在旁边的时候就好好洗，不在时就随便用湿毛巾擦一擦。有一次，乐乐玩了水笔，跑到卫生间稍微擦了一下，就迫不及待地跑到餐桌旁拿起鸡腿啃起来了，妈妈只好让他再洗一遍。

"饭前便后要洗手"这句话很多孩子都听腻了，但因为 2 岁的孩子受认知发展的限制，缺乏对卫生、细菌、疾病等概念及其因果关系的认识，所以，尽管父母强调"不洗手，把细菌吃到肚子里就会肚子疼"，但孩子仍然会对手的卫生与疾病的引发之间的关系认识不清，常常嫌洗手麻烦而不认真洗。

有条件的话，你可以带孩子通过观察显微镜，认识人手上的细菌。同时给孩子讲手接触外界难免带有细菌，这些细菌是看不见、摸不着的，人如果不将双手洗干净，手上的细菌就会随着食物进入肚子，导致生病。通过这样的方式，可以帮助孩子了解洗手的重要性。

平时父母还要反复提醒孩子。有的孩子贪玩、性子急，不是忘记洗手就是不认真洗，对此父母应该有耐心，经常提醒孩子，要让孩子记住"饭前便后要洗手"，要求孩子在接触过血液、泪液、鼻涕、痰液、唾液、钱币、泥沙、颜料等之后都要认真洗手，保持清洁。不要因为孩子不愿意洗而采取迁就的态度。

对于不爱洗手的孩子，父母还可以把洗手当成一项游戏进行：准备有泡沫的洗手液，每次挤出一滴，在手上反复搓洗后，用水冲洗 15 秒左右，把洗手液冲洗干净。注意：挤出的洗手液不宜过多，以免洗不干净而损伤皮肤。在旅途等不方便洗手的环境中，父母可用湿的消毒纸巾为孩子擦干净手后再吃东西。

父母还要帮孩子勤洗手、勤剪指甲，这样能清洁孩子的双手、消灭细菌，避免疾病的传染以及由病菌引起的各种病症，保护孩子身体健康。

三、开始大小便训练

孩子能够自己上厕所，意味着照料者不用再给他脱换尿不湿了，更重要的是，意味着孩子又朝着提高自理能力迈出了一大步。很多父母都盼望着这一天的到来，多么欢欣鼓舞！2 岁以后这样的时机来到了……不过，你必须按捺住急切的心情，耐心地指导、陪伴孩子完成这个重要的训练项目，直到成功。

1. 如厕训练前的准备

在 2 岁以前，大多数孩子还戴着尿不湿解决大小便。从 2 岁开始，父母们可以捕捉到孩子身上可以进行如厕训练的信号了：他不想在尿不湿里排大便，一旦排便立即叫大人给他更换，不再像小婴儿时期好像一点也无所谓似的；可以自己脱下尿不湿或裤子；在合理饮水的情况下，尿不湿常常能保持 2 小时左右的干爽；对大人上厕所感兴趣，喜欢观看或谈论；偶尔能够和大人说出自己想要排便……这些都说明他的身体和心理意愿方面，都为上厕所排便做好了准备。你一旦下定决心给他摘掉尿不湿，进行如厕训练，就要坚持下去而不要轻易取消。如果再次给孩子戴上尿不湿，很容易导致孩子对排便方式的混淆。

在正式开始前的一个月左右，要提醒孩子留意自己想要小便、大便时的感觉，和孩子多交流，"是不是……这样的感觉呢？"如果孩子表示确认，叮嘱他，当再次有同样的感觉时要记得告诉你。也可以同时采用隔一个时段就提醒孩子去厕所的办法。一段时间内，便可以摸清孩子每天排便的规律。

在家庭的卫生间内，准备好孩子如厕需要的物品。一般的家庭中使用的马桶都是根据大人的身高制作的，不要让孩子直接坐在上面，即使有大人扶着，也会让他感觉摇摇欲坠，十分不安全，不想在上面排便。可以给孩子准备一个带梯子踏板的儿童马桶架，放在大人的马桶上。也可以准备一个儿童的便盆放在地上，双脚踩地可能让他更有安全感。

在如厕训练这件事上，有性别的区分。如果是男孩，爸爸在上厕所时，可以请他站在旁边观看，爸爸同时进行一些讲解。如果是女孩，则可以观察和模仿妈妈。对于男孩，除了坐式的马桶之外，可以给他准备一个立式的马桶，这样会有利于他从一开始就学会男人的站立式尿尿。当然，等孩子适应了坐马桶后，再进行站立的训练也是可以的，根据孩子的实际情况来。

2. 排便过程的训练

当孩子告诉你，他有了便意时，要迅速将他带到卫生间。一开始你可能还需要协助他脱掉裤子，协助他走上梯子，稳稳地坐下来。要是他乐于坐在专用的马桶上，并顺利地排便了，那么如厕训练就已经成功了一大半了。

在排便的过程中，2 岁的孩子可能会很乐意跟你描述他听到的排便的声音，屎尿屁的话题正是这么大孩子的兴奋点。你不必有所忌讳，很有兴致地和他谈论吧！而且，表扬他的观察力、排便的技巧等，能让他彻底放松下来，感受到排便的畅快。如果孩子要求你关上门离开，那么你也可以配合，并适时地告诉他，排便是隐私的事情。

如果发生了糟糕的状况，比如，说好了有便意却迟迟没有排出来，或者不小心弄脏了裤子，你都不要训斥或者惩罚他。对于刚进行如厕训练的孩子来说，一切意外状况都是可以理解的，让他们对这件事保持兴趣是最重要的。

你也要注意进行便前脱裤子和便后提裤子的训练，经过演示和几次帮助后，你的2岁的孩子是可以有能力掌握的。擦屁股、冲洗等事情，在这个阶段还需要照料人的帮助。在排便后，他如果有意愿要观看冲马桶，甚至想亲自试试，你最好不要拒绝，完整地了解上厕所的流程也很有必要。

等孩子对上厕所的流程很熟悉的时候，你可以鼓励他独自去卫生间。在整个如厕训练过程中，父母始终充当一个温和的技术支持者的角色，让孩子认识到这只是父母在帮助自己做一件自己的事情，而不是父母命令自己在做。

3. 夜间排尿的问题

尽管你的2岁孩子具备控制排便的能力了，但并不意味着他们能够实现完全的控制。在夜间入睡后，仍然可能会无意识地排尿。你不用对此太紧张，研究表明，等孩子的膀胱发育得再成熟一些，就会减缓乃至消除尿床的现象了。

在2岁这个阶段内，为了减轻尿床对睡眠的干扰，还有清理的麻烦，父母们可以这样做：首先，在睡觉前要让孩子进行一次排便；其次，给他的身下铺好一张隔尿垫，一旦发生尿床不至于弄湿床垫。

如果孩子尿床了，你最好不要在家里太多地谈论这件事，反复的强调只会适得其反。你也要告诉孩子，夜里如果感觉想尿尿了，就要喊爸爸妈妈去厕所，不要憋尿。

四、睡觉和起床

2 岁以后，孩子的睡眠能力有了进步，但新的问题又出现了。睡前拖延不爱上床，上了床睡不踏实，早晨起床困难……如果你的孩子存在这其中一个或多个问题，你一定很头疼，因为糟糕的睡眠状况既不利于孩子的身体发育，也不利于大人们的作息。所以，我们需要花一些精力寻求原因，再找办法突破，帮助 2 岁的孩子建立好的睡觉习惯。

1. 孩子上床后难以入睡怎么办

妈妈问：我的女儿 2 岁多了，很可爱，身体素质也还行，就是天天晚上睡觉很晚，而且很难一下子就睡着，翻来覆去，有时一个多小时都睡不实，怎么能让她尽快入睡呢？

孩子每天的大部分时间都是在睡眠中度过的，他们的睡眠看似简单，其实却暗藏许多问题，对此父母要逐一解决，因为我们的目的就是让孩子睡得更香甜。

在孩子睡觉前，妈妈一定不要忘记这道"程序"：给孩子一个深情的吻。妈妈的亲吻能让小家伙快速安静下来，让孩子知道你爱他有多深，而且可以让双方感觉平静和放松。

如果孩子晚上睡不着，可以带孩子到阳台看星星、看月亮，并告诉他什么是星星、什么是月亮。在孩子看星星的时候，妈妈可以给孩子讲一些小故事，等孩子睡着后再把孩子抱回房间。

有很多父母喜欢在孩子睡觉前讲故事，这其实也是一个很好的哄睡办法。孩子在有趣的故事中入睡，一方面会获得心情的愉悦，另一方面也培养了孩子的阅读习惯。父母可以与孩子约定每晚睡前讲一个故事，并严格按照约定执行，这样孩子就不会在听完故事后还闹着让妈妈再讲，也能由此渐渐形成一个条件反射：听完故事就安心睡觉。

父母还可以允许孩子在睡觉时拿 1 ~ 2 个安抚玩具摆在床边，或者抱在怀里入睡，这样孩子的情感有所寄托，也满足了内心的安全需求，自然就会安然入睡。

父母要注意给孩子营造一个安静、良好的睡眠环境，避免孩子睡前过度兴奋；另外吃得太饱，孩子精神亢奋或脾胃不舒服也会造成"闹觉"的现象。

2. 孩子喜欢赖床怎么办

> 妈妈问：孩子每天晚上睡得晚，早上就赖床，醒了也不起，喊他也白喊，换个方向又睡，房间弄得乱糟糟的，怎么让孩子改掉这个坏毛病？

让年幼的孩子早睡早起确实不是一件容易的事。他们往往喜欢当夜猫子，而早上又不愿意起床，非要睡到自然醒才会乖乖地下床。遇到这种情况，父母该怎么办呢？

首先要弄清孩子赖床的原因，这样"对症下药"才有效果。通常而言，孩子不愿起床主要有以下几个原因。

（1）睡眠不足

晚上睡得太晚，势必造成睡眠时间不足，早上不愿意起床。一般来说，2 岁以上的孩子，每天所需要的睡眠时间为 10 ~ 15 小时，除去 1 ~ 2 小时的午睡时间，晚上睡眠时间不应低于 8 小时。另外，晚上 10：00 至凌晨 2：00 是孩子生长激素分泌的高峰期，所以为了保证孩子充足的睡眠，促进身体的健康成长，父母最好在晚上 8：30 就开始给孩子洗漱，以便孩子在 10：00 前入睡。

（2）午睡时间太久

如果孩子白天午睡时间过久，那么到了晚上孩子就会精力旺盛，不愿过早入睡。为了避免这种情况，白天时，父母最好不要让孩子睡得过久，尽量让孩子多玩耍，消耗过剩的精力，这样到了晚上孩子自然就会早早睡觉了。

（3）睡觉不安稳

有些孩子在睡觉的时候喜欢翻来覆去、踢被子，或者因做噩梦而惊醒，这都会影响睡眠质量，造成早上赖床不起。这时，父母要多留意孩子是否有身体不适或者情绪上的问题，及时帮助孩子疏解这些困扰，并给孩子一个安静、舒适的睡眠环境，以利于孩子高品质的睡眠。

（4）睡觉时间不规律

孩子睡觉时间不规律，忽早忽晚也不利于养成良好的睡眠习惯。父母应该给孩子制定一个作息时间表，让孩子养成规律的作息习惯，并且在节假日也遵守执行，这样才能让孩子形成固定的生活规律。

除此之外，父母还要以身作则，不睡懒觉，给孩子一个良好示范，并且努力营造温馨的起床氛围。比如亲吻孩子；拉开窗帘，让阳光洒入房间；用悦耳的闹铃、香喷喷的早餐、好玩的玩具等吸引孩子，叫孩子起床。

下 篇

麻烦的 3 岁孩子

第六章

3岁是孩子人生的第一个转折点：
决定孩子一生

度过了美妙的1岁和波折的2岁，3岁的孩子开始趋向于独立，又好像变得更加麻烦。他们开始懂得察言观色，知道怎么去"降伏"你；他们试图左右你的想法，并开始参加一些家庭会议；他们开始挑战家长的权威，因为他们的第一个逆反期到来了……显然，这个时期的教育将会决定他们的一生。这是每个家长都必须要认识到的事情。

一、3 岁看大：3 岁是孩子学习能力和智力提升的关键期

1. 3 岁幼儿是成人的雏形

当你的孩子由只会简单地说"爸爸、妈妈"，到有意识地说"爸爸妈妈，我要……"时，就表明他已经开始迈进 3 岁的门槛了。这时千万别再把这个小家伙当成刚学说话的孩子来对待，此时他已开始变得独立，俨然是一个小大人了。这一时期孩子的性格和身体的一系列发展变化，显然是在为他的未来打基础。

有人说"3 岁幼儿是成人的雏形"，这话虽然有些绝对，但也有一定的道理。那些潜心研究家教的科学家们通过多项研究证明，在孩子成长的过程中，3 岁左右的生长发育会影响他们的一生。

英国伦敦精神病学研究所教授卡斯比发表了一份实验报告，报告上称，3 岁孩子的言行可预示他们成年后的性格。这份报告为"3 岁幼儿是成人的雏形"的说法提供了有力的证据。

当时，卡斯比教授同几名精神病学专家对当地 1 000 名 3 岁孩子进行了调查，经过一番研究分析，他们将这些孩子分为充满自信型、良好适应型、沉默寡言型、坐立不安型和自我约束型五种类型。当这些孩子长成 26 岁的成人时，卡斯比教授等人再次与他们进行了面谈，并对这些孩子的朋友和亲戚进行了详细调查，得出的结果如下。

充满自信型的人占28%。这些孩子在3岁时就十分活泼和热心，长大后仍然十分开朗、坚强、果断，领导欲较强。

良好适应型的人占40%。这些孩子在3岁时就表现得自信、自制，不容易心烦意乱，如今他们依然如此。

沉默寡言型的人占8%。这些人在3岁时就是父母的一块心病。成年后，他们要比一般人更倾向于隐藏自己的感情，不愿意去影响他人，不敢从事任何可能导致自己受伤的事情。

坐立不安型的人占10%。这些人在3岁时就是行为消极的小家伙，注意力很容易分散，颇让家长头疼。如今他们依然没变。

自我约束型的人占14%。这些孩子在3岁时就表现出自我约束力强，不会轻易被外界干扰，长大后的性格基本和3岁时没有什么区别。

显然，这个结果难免让一些父母坐立不安，不得不重新审视自己的教育方式。

虽然我们不能把这个结果看得太过绝对，但是孩子在3岁这个年龄段所形成的性格对他的深远影响是不争的事实。此阶段的孩子跟随什么样的人，接受什么样的教育，将来就会形成相应的性格。正所谓"三岁看大，七岁看老"。这时父母对孩子的教育变得极为重要。

2. 惊奇！3 岁孩子超强的学习能力

当你发现自己的 3 岁孩子总是做出一些令你意想不到的事情时，千万别急着表现出惊异的表情，因为他还有更精彩的表现。

孩子到了 3 岁便开始具有超强的学习能力，你可能认为他与生俱来就拥有这些能力，事实上，他都是通过后天学习得来的。也许你觉得学习一门外语是件很难的事，可是 3 岁的孩子却能轻松学会；移民的孩子会很快适应当地社会风俗习惯，而不容易习惯陌生环境的事经常发生在大人身上；洗澡时，你只给孩子解开扣子，他就会自己脱衣服……3 岁的孩子每天都在给你带来更多的惊喜。

3 岁孩子的大脑就像是一块海绵，对周围的事物可以不假思索地照单全收。这时如果父母给孩子提供系统的学习机会，那么他们的大脑在使用中会不断扩容，而且脑细胞间的联系会更多，就像互联网一样，渐渐变得四通八达。这样，孩子便可以产生惊人的学习能力。

我们来看看，3 岁的孩子会表现出哪些惊人的学习能力。

3 岁是人类心理发展的一个分水岭，也是孩子学习语言的关键期。通常来说，孩子到了 3 岁的时候就会表达比较复杂的句子，甚至会使用不同时态和语态的动词或者连词，会使用长句和分句。在这个年龄段，孩子开始从无意识的状态过渡到有意识的状态，而且已经建立了这个年龄段所特有的心理结构和语言表达机制。

3 岁时，孩子的肌肉控制能力也在迅速提高。这是掌握许多精细运动的基础。他可以独立或合并运动自己的每一根手指，这意味着他从以前用拳头抓蜡笔的方式发育成与成人更加相似的握笔方法——大拇指在一侧，其他手指在另一侧。现在他能够画方形、圆形，或自由涂鸦。

3 岁孩子的想象力十分活跃，他可以对任何事物赋予独特的想象，而且特别喜欢问"为什么"。

孩子到了 3 岁就已有回忆性记忆了，这个时期的孩子对周围环境充满着好奇心，并开始用自己的方式去探索，喜欢爬高和各种冒险。在这个时期正确启蒙孩子的好奇心，对一个孩子的成长是非常有益的。

3 岁的孩子具有较强的阅读能力。他可以指认出日常生活中熟悉的文字，还可以觉察出文字的不同意义。比如，3 岁的孩子知道妈妈贴在冰箱上的购物清单和餐厅里的菜单，它们的用途与功能是不一样的。

到了 3 岁，孩子的听音辨识能力也更加敏锐。如果爸爸妈妈经常给孩子念童谣、唱儿歌等，那么，他对语音的感知会变得更为敏锐。

当然，每个孩子的学习能力是不一样的，父母不能因为孩子学习或接受新事物慢而加以指责。当你对他大发雷霆，指责他"简直是糟糕透顶""真是不可救药"，甚至打骂他时，要考虑到孩子脆弱的心灵是承受不了这些的。

当你的 3 岁孩子的行动或者表现并没有达到你的预期时，不妨降低自己的期望值，多给孩子爱的鼓励，耐心引导，这样对建立孩子的自信心是很有帮助的。

3. 开发孩子大脑潜能的关键期

为什么 3 岁的孩子具有超强的学习能力？答案是他们的大脑在帮助他们。尽管他们的身体发育可能稍显缓慢，但是他们的脑部发育却像提速的火车一样飞快，尤其是语言能力。

科学研究显示，刚出生时，人的大脑一共有 50 亿个突触（也叫神经元，突触越多，人的记忆力就会越强）；出生后第一年，突触数目会明显增加，可达到出生时的 20 倍。到了 3 岁左右，大脑的大小就已经接近成人了。

此时，孩子大脑的复杂性和丰富性已经基本定型。可以说，3 岁是开发孩子大脑潜能的关键期。我们所说的"关键期"，就是说孩子在这个时期最容易学会和掌握一些与其相适应的知识技能和行为动作。在关键期父母对孩子的教育适当，孩子学起来就容易，且学得快，能起到事半功倍的效果。

那么，父母如何把握好 3 岁这个关键期，有效地开发孩子大脑的潜能呢？我们都知道，人类有左右两个半脑，它们各有分工，各尽其职。孩童时期，右脑占优势，长大成人之后是左脑占优势。左脑是负责理解性记忆的，而右脑则是负责机械性记忆。为什么你的 3 岁孩子什么事物都接收，却不容易区分好坏呢？这就是由于他的右脑在发挥作用。

3 岁的孩子在用右脑学习时，是无意识或潜意识在起作用，心理上是放松的。而成年人在用左脑学习时，是意识在起作用，思维高度紧张，这样就很容易疲劳。

一般来说，大量反复诵读恰恰是开发右脑最为有效的方法。让我们看看"世界最聪明的民族"——犹太民族的人是如何开发大脑潜能的。

犹太人的孩子在 3 岁时，就开始学习他们的母语——希伯来语。当孩子们会读之后，父母就开始用希伯来文的书籍来教育他们如何写字。接下来，父母会让孩子背诵通用祈祷文，不需要理解，只要记住即可，因为此时孩子们的大脑适合进行机械性记忆。

到了 5 岁，他们就开始背诵《圣经》和摩西律法。到了 13 岁接受成人礼时，他们已经记住了全部需要背诵的书籍。此时，令人惊奇的事出现了！一旦孩子脑部这种大容量的记忆系统训练完成以后，接下来就很容易吸收各式各样的知识，进而造就出高效能的头脑。

当 3 岁孩子反复进行诵读时，眼睛看到的文字和诵读的音律直接刺激、锻炼了他的右脑，而辨别字形以便记忆则是通过左脑完成的。整个诵读过程恰恰同时运用了左脑和右脑的功能，使学习能力增加了 2 ~ 5 倍。

因此，在孩子 3 岁时，坚持让其反复诵读一些经典书籍，多看古今中外经典画作，多听古今中外经典乐曲等，都有助于孩子的大脑潜能开发。

4. 3 岁存在语言爆发现象

某一天，你的 3 岁孩子似乎一夜之间变得说话像个小大人儿一样，这时你是不是感到非常惊奇？多数父母会认为"我的孩子真是一个语言的天才"，但真是这样吗？

当爸爸一边盯着电脑，一边从桌上拿走宝宝的饼干放到嘴里时，他并没有意识到旁边的宝宝正在愤怒地盯着自己。见爸爸没有什么反应，宝宝走到厨房拉着妈妈的衣角说："妈妈，爸爸真讨厌，偷吃了我的饼干。"起初妈妈并没有在意，但当她接触到宝宝的目光时，突然意识到自己的 3 岁宝宝说话竟如此完整、流利。这让妈妈感到非常兴奋，她对爸爸喊道："咱们的儿子真是语言天才！"

事实上，绝大多数的 3 岁孩子都是语言天才，他们具有天才般的学习能力，语言能力的爆发就是一个最明显的表现。

科学研究发现，孩子学习语言不是慢慢地一字一句地学习，而是存在"语言爆发期"。到了 3 岁，你的孩子的语言表达能力会变得非常强大。

大多数 3 岁孩子的词汇量能达到 1 000 个左右；

他们能够表达复杂一点的句子，从单词句转化为双词句、多词句；

他们已经掌握了母语，不仅能说出自己叫什么、几岁了、父母叫什么、家住在哪里等，而且还可以背诵一些简单的儿歌、唐诗和电视节目的广告词；

他们会猜一些简单的谜语，学习自编谜语，当然语病还有很多；

他们虽然开始使用一些复杂的修饰语，但言语表达仍是情境性的；

他们喜欢和大人一起交谈，尽管表达上还有些困难和不足；

他们喜欢听大人讲一些简短的童话、故事，并能记住内容。

显然，3 岁是孩子学习语言的最佳时期。如果错过了，将十分可惜。我们都听说过"狼孩"的故事，印度"狼孩"卡玛拉被人发现时已有 7 岁多，身上毫无正常儿童的特征，不能像人一样直立行走，不会说话，更不会和他人交流。卡玛拉回到人类社会后，经过长达 6 年的专业人员的护理，也只学会了走路，到 17 岁时才学会十几个单词，智商只有 4 岁孩子的水平。显然，错过了孩子学习语言的关键期，将是一件很糟糕的事。

环境对于 3 岁的孩子来说非常重要。如果在这一时期孩子经常和语言表达丰富的孩子玩耍，时间一长，他也会变得像那些孩子一样能说会道；如果孩子周围的人都说方言，他就会模仿。此时，父母一定要教孩子普通话的标准发音，表达内容也应尽量准确、清晰。

孩子到了 3 岁开始出现自言自语的现象，这其实是孩子在利用语言来调节自己的行为。有了这个自言自语的学习过程，孩子慢慢消化吸收通过"鹦鹉学舌"学来的语言，当大脑的思维真正把语音与语义结合起来时，他的语言能力就会发生质的飞跃。因此，看见孩子在那里自言自语时，父母千万不要打断他。

一般来说，孩子在 3 岁的前几个月，词汇量会增加得很快，看图学说话是他丰富词汇有效且快捷的方法。这时父母可以和孩子一起阅读故事书，看看书中的彩图引导孩子去表述。比如，指着故事书上的苹果问孩子是什么，当孩子说出答案时，父母可以继续问孩子"是什么样的苹果？"孩子可能会说"是个又大又红的苹果。""是什么味道的？""又酸又甜的。"……父母再把这些分开的句子连起来，组成一句"这是一个又酸又甜的大红苹果"。让孩子跟着多说几遍后再让他自己说出来，引导孩子一边观察一边说出形容的词汇，使其语言逐渐丰富起来。

同时，父母还要善于利用日常生活中的言语训练时刻。比如，妈妈在接孩子回来的路上，可以问孩子今天有没有交到新朋友，有没有学习新的儿歌，老师有没有布置作业……父母要及时了解孩子当天的学习内容，以便更好地辅导孩子，这种互动也会提高孩子的学习热情和语言能力。

当孩子长到 3 岁的 7 ~ 9 个月时，他已经具备了更强的语言听说能力。这时父母可以给孩子讲故事，在讲到一半时，让孩子充分发挥想象力，自己把故事讲完。这样，使孩子慢慢地学会自己编故事，并按事情的发展过程讲出来。这样循序渐进，既可以很好地发挥孩子的想象力，还可以促进孩子的语言叙述能力。

当孩子长到 3 岁的 10 ~ 12 个月时，父母不但要让孩子复述故事，而且要向他提出问题，多问一些"为什么"，让孩子练习用有因果关系的关联词来回答问题。比如，问孩子："为什么你的同伴凯琪学习这么好呢？"孩子可能会说："因为她很喜欢，所以学习好。"也可以通过讲故事的方式让孩子自如掌握关联词，并能应用到日常生活中。

二、3岁是情绪大爆发的一年：凡事对着干，自我意识爆发

在每个孩子的成长过程中，几乎所有为人父母者都要直面一个非常令人头疼的阶段——当孩子长到十五六岁时，那个一直依赖你、毫无保留听从你的乖宝宝，似乎一夜之间长了脾气。他突然讨厌大人把自己当成小孩，有了那么多的"我要"和"我不"，并像初尝鲜肉的狼崽一样，迫不及待地想要冲出父母的庇佑，去探索和创立自己的规矩，并以此为基准建立自己想要的世界。

其实这就是叛逆期，看到这里，很多新晋父母也许会长吁口气："还好还好，我的孩子离十五六岁还早。"但你所不知道的是，在孩子的成长过程中，叛逆期其实有两个。我们所熟知的十五六岁，其实已经是孩子的第二个叛逆期了。在孩子3岁左右时，他们便开始有了"我"的意识，并已经进入到人生的第一个叛逆期。

叛逆期在国外也被称为"狂躁期"和"困难期"，可见身处此时期的儿童在意识层面的反抗和对外界的抗拒有多么强烈。然而，深究这一系列心理变化的主要原因，却是独立意识和自我意识的大爆发。因此，作为人生第一个叛逆期的起点，3岁这个年龄段便成为孩子心理发展的关键转折期，这一阶段的教育，是决定孩子未来人格力量强弱的基石。有些孩子2岁时，已经有了自我意识的萌芽，当孩子3岁左右时，自我意识会慢慢增强，也就是有了"我"和"我的"之类的自我表现和自我发展意识。这个阶段的孩子，有的不只是个性，也开始展现出很多令人惊喜的能力，父母如果引导得好，孩子就会乐于朝着父母期待的方向成长。

1. 充满执拗，反抗父母，表现出了对独立的渴求

无论是从婴儿过渡到幼儿，还是从少年过渡到青年，两个叛逆期内的孩子都表现出对独立的渴求以及对父母依赖的逐渐淡化。"不行""不要""爸爸讨厌""妈妈躲开"，等等，这些都是 3 岁左右孩子开始使用并频繁挂在嘴边的话语。

3 岁左右的孩子精力旺盛，在发现自己能自由控制身体之后，他开始从父母的羽翼下悄悄探出头来，尝试独立行走。同时，在心理上，他也似乎已经意识到自己和妈妈是不同的存在，于是开始坚持自我意见，并通过语言和行动，来强行得到自己想要的东西，表达自己的情绪和想法。

即便如此，你依然会为孩子的加速成长倍感欣喜，那个曾经只知道躺在床上发呆、睡觉和憨笑的小不点儿，开始像蛋壳里的小鸟一样，全力向上，一点点击碎庇佑，融入这个他将与之为伴的世界中。在这个过程中，孩子在进步，在形成自己的想法和态度，在感受独立的艰难与快乐，并由此建立和形成区别于他人的个人品质。

2. 叛逆期的真相——3 岁不乖没有错，3 岁太乖要小心

孩子进入 3 岁之后，对于自家那个原本乖巧可爱的小开心豆，很多父母都会突然间换了评价，"一点儿都不乖""说什么都不听""每天净跟他生气了"……对于宝宝成长过程中的这种变化，很多父母都会手足无措，然后着急上火。其实这都是他们成长发育中的一种必然变化，3 岁的孩子不乖没有错，相反，这时如果太乖，父母则需要多加小心。

刚将儿子送入幼儿园的龙龙妈最近苦恼不已，因为自从儿子入园后，她从老师口中听到的从来不是表扬，儿子在学校里闯的祸每天都够写本书。老师不让小朋友们钻树丛，龙龙跟几个小朋友总是

趁老师不注意就跑到小树丛里玩；老师让小朋友们玩耍时要小心，不要撞到别的小朋友，块头本就比别人大的龙龙总是表现得鲁莽，横冲直撞难免碰撞别的小朋友；跟小朋友们做游戏时，龙龙总是很急躁，有时还会对小朋友们发脾气……

3岁左右的儿童，在行动上出现像龙龙这样的"叛逆"行为，其实与他们自身的成长发育有关。发育过快和发育迟缓的孩子，都有可能出现"不乖"的状况。

随着生活水平的不断提高，现在的孩子普遍营养良好，发育比过去同龄孩子快很多。一旦孩子身体的发育速度超过脑部控制系统的发育速度，他们的身体就往往不受自己控制，常常表现出一种"故意"的态度。这就会让妈妈错误地认为，孩子的暴躁、莽撞和没轻没重都是"故意"的，是"不乖"和"不懂事"的表现。此外，有的孩子可能发育比较缓慢，个头小小的，语言表达、身体协调及运动等能力似乎也不如别的小朋友，也更容易变得鲁莽。比如，对于父母不让干的事情，发育有些滞后的孩子还无法像别的孩子那样做出判断，便很容易忽略危险或单纯为了好玩硬着头皮去做，因此很可能撞到别人或伤着自己。因为语言能力发展滞后，很多想说的话往往不能得到充分表达，这时候孩子也很容易表现急躁，有时甚至对别人发脾气等。这些表现，通常也会被父母认定为"不乖"。

对于这些突然变得不乖的孩子，父母应及时注意到他们的身体发育情况，从而做出准确判断。如果孩子是因为发育过快无法控制身体而犯了错误，父母不应该只是责骂和批评，而应该从正面进行引导，逐步强化他对自己身体的控制力。比如，孩子因为跑太快把别人撞倒了，你可以这样引导他："如果你被别人撞倒了，会不会生气呢？""你受到了伤害，就希望别人向你道歉，现在你伤害了别人，是不是也应该给别人道歉呢？"如果孩子是因为自身能力还未得到完全发展而不断犯错，父母就应该耐着性子，鼓励他尽情表达自己，遇到障碍时，也不要因为他不如别人就加以责难，应适时引导，多鼓励多交流，从而提高他的语言和行动能力。

有不乖的孩子，同时就会有非常乖的孩子，对于那些两三岁就表现得像小大人一样，听话、懂事、随时随地都知道照顾别人情绪的乖孩子，父母也不要因此高枕无忧。专家认为，小孩乖不是问题，但3岁正是孩子自主意识、独立意识萌发并快速发展的时期，这个时期的孩子如果太乖、太过于顺从，就会养成凡事听别人安排的习惯，丧失自主做事的主动性，从而影响到孩子主观能动性和创造力的发展。顺从型的人总是习惯满足别人的需要，而不知道自己需要什么，因而不能活出自己，这对一个孩子的成长发展来讲，并不是什么好事。

那么，这类"乖宝宝"是如何养育出来的呢？

专家指出，有些孩子乖是性格所致，有些孩子乖则是被教育出来的。有的父母本身性格就很强势，常常希望孩子顺从自己，不允许孩子自由发展，以比较严厉的方式对待孩子，使得孩子在潜意识里就觉得不乖不行，从而成为"退缩型"儿童；有的父母在教育中总是有意无意地强化"乖"的理念，比如，一旦孩子做出顺从、配合父母的行为，父母往往表现得特别高兴，并伴以褒奖："看，宝贝多乖！""宝宝真乖，妈妈喜欢你！"父母的种种行为，在孩子那里就会被解读成"只有听话才能换来爸爸妈妈的欣赏"，也因此会压制自己的天性以获得父母的宠爱；还有一种父母，本身性格就缺乏主见，作为孩子的第一任老师，孩子眼中的父母无论何时都是顺从无主见的，孩子在行为处事中也只能学习父母，潜移默化地形成顺从的性格。

了解乖孩子的性格特点后，父母在日常教育中就要多加注意，凡事多询问孩子的意见，不要轻易否定，给予他们自由成长的空间。同时，要容忍并善于理解孩子所说的"不"及不同意见，以培养他们的主动性和创造性。

三、性别意识开始萌芽

1. 发现身体和性别的差异

一个健康的社会，需要不同性别的个体各自履行自己的社会角色，并承担起这一角色所赋予的社会责任。

心理学家研究发现，孩子在 1 岁时就开始有了男女有别的感受，这时小男孩会发现自己和邻居家的小妹妹穿衣打扮并不一样，小女孩也觉得自己与男孩有所不同；到了 2 岁时，他们能够准确地说出自己是男孩还是女孩。但对孩子来说这些还是很模糊的性别概念，真正的性别意识出现在 3 岁以后。

因此，3 岁左右是性别意识养成的一个关键阶段。这时，孩子会对男孩和女孩之间自然的差别感到疑惑，多数孩子开始为这件事情担心。

> 一个 3 岁多的小男孩在一次洗澡时，突然对自己的"小鸡鸡"产生了好奇，因为在他的记忆里，邻居家那个还穿开裆裤的小妹妹没有"小鸡鸡"。他开始追问妈妈，妈妈只好如实相告：只有男孩子才有"小鸡鸡"，女孩子是没有的……
>
> 虽然妈妈从他会说话开始就已经不断地教他，强化他的男女意识，比如，妈妈、奶奶、姥姥、阿姨都是女人，爸爸、爷爷、叔叔都是男人……但小男孩仍然搞不清楚到底是怎么回事。

在上文案例中，如果他没有立刻得到满意的回答，他就会得出结论，认为邻居家的小女孩肯定是发生了什么意外。接着，他会为自己担心：自己会不会也这样呢？当女孩发现自己和男孩不一样的时候，她也会出现同样的困扰，为自己担心。

因此，家长应该对孩子进行适当的性别教育，明确地告诉孩子，生殖器官就和我们的眼睛、鼻子、耳朵一样，都是人体不可缺少的器官。孩子是天真无邪的，早知道一些性别知识，比他自己去慢慢琢磨要好得多。

2. 培养孩子最初的性别区分感

很多家长发现，带3岁的孩子去超市买东西时，男孩大多会选择汽车、手枪、足球一类的玩具，而女孩会选择布娃娃、漂亮衣服等，这说明3岁的孩子对于性别已经有了一定的区分能力。

尽管如此，但还有个别的家长人为地混淆孩子的性别意识。有的因为喜欢女孩，就把自己的儿子化装成女孩的样子；有的喜欢男孩，就把女儿打扮成一个假小子……这些行为都可能导致孩子出现性别意识混乱，甚至以异性标准来塑造自己。结果长大后，男孩喜欢穿女孩衣服，言行举止女性化，喜欢和女孩扎堆；而女孩的着装、言行则可能十分男性化。在心理性格和生理性格严重不一致时，孩子会对自己的性别身份产生认同困难。因此，聪明的家长有必要正确培养孩子的性别意识。

当3岁孩子开始有了性别意识，会更多地效仿父母中与自己同性别的那一位。因此如果你的孩子是男孩，当爸爸的就要多付出一些努力，多陪孩子玩一玩；如果你的孩子是个女孩，当妈妈的就要多与其相处。

性别教育最好能做到自然融入生活。比如，女孩多穿裙子，男孩多穿裤子；父母要多拥抱男孩，多亲吻女孩；男孩多做挑战性运动，女孩多做体操；男孩多玩一些汽车、机器人等玩具，女孩则去玩一些洋娃娃。当然，当孩子有自己的喜好时，父母也不必太刻板。当给孩子洗澡时，爸爸最好和儿子在一起洗，妈妈则和女儿在一起洗。这是为了让孩子从小就知道，男孩和爸爸的身体长得一样，女孩和妈妈的身体长得一样。这也是孩子最早了解人体和性别的启蒙教育。

3岁的孩子们偶尔玩的与性相关的小游戏是出于好奇、求知欲以及模仿心理，玩过几次，他们的好奇心满足了，也就厌倦了。此时的父母要懂得，孩子对于性别探索是正常的、自然的，不用大惊小怪。反之，如果你永远不让孩子了解真相，他就会越好奇，越有一种神秘感。如果采用严厉的惩罚去压抑孩子的性好奇，只会令他对性产生罪恶感和内疚感。在这种情况下，最好的办法就是利用孩子的好奇心，因势利导地对他进行性教育。

有一点要提醒爸爸，与女孩相比，培养男孩的性别意识应该更早更用心。最好多与孩子在一起，让他从爸爸的身上学习如何做一个真正的男人。当然，父母不必刻板地按照男强女弱的模式去塑造孩子，而要结合孩子的脾气秉性，培养孩子健康的性格。

当 3 岁的孩子有了性别意识时，他会开始观察父母，并从中获得与性别相关的典型特征，如一些兴趣爱好和生活习惯，并非常愿意模仿与自己相一致的特征。有个 3 岁的小女孩知道自己是个女孩，便有了关于女性的"期望"——想做一个伟大的妈妈。这时，小女孩有意识地模仿妈妈的样子去照顾小弟弟，并乐在其中。通过观察和模仿，小女孩一点一滴地积累了"经验"，性别意识以及与性别相关的基本特征也在女孩的心中逐渐清晰起来。此时，父母一定要注意自己的行为习惯，错误行为很可能导致孩子的性别意识出现偏差。

当你的孩子表现出一些性方面的心理需求，比如需要被"触摸"时，父母适时的拥抱、亲吻都会让他拥有更多的安全感。父母也可以通过与孩子做游戏来满足其"触摸"的需求，亲子游戏是满足孩子心理需求的最好办法。

聪明的父母还要教会孩子如何与异性相处，如何与异性建立健康的情感，友好相处，自然、友爱地交往。

3. 父母要平静、温和地解答孩子的疑惑

不少父母都不了解婴幼儿有性意识，当他们发现自己的 3 岁孩子提出各种

奇怪的性问题时，总认为这是很糟糕、很难堪的事情，并竭力制止。有的父母甚至会惶恐不安，以为孩子在道德方面出了问题，从而严厉地惩罚孩子。

其实，这是不正确的教育方法。心理学家研究发现，孩子在幼儿阶段所受的影响要比青春期孩子所受的影响要大得多。有研究发现，同性恋者的同性恋倾向大多与其幼儿阶段的经历有关。但是，很多父母对孩子在幼儿阶段的性别教育的重要性认识得还不够。

如果你是个明智的家长，就不要等着孩子问了"为什么男孩和女孩不一样"后再来解答。因为孩子太小，可能还提不出这样具体的问题。他提出的问题，可能只是围着中心话题转来转去。父母要留心识别孩子发出的信号，抓住孩子的兴趣，及时地给他补充性别知识的养分。

对于 3 岁孩子来说，最初提出的这类问题就跟"我们为什么吃饭""为什么睡觉"一样。父母不要怕孩子提出这类问题，要知道，孩子对此有困惑是正常现象，说明他在成长，在对外界的事物和现象进行思考。面对 3 岁的孩子，你要把他视为有独立人格的个体，千万不要敷衍和糊弄他，而要给他一个正确的答案，让他不再困惑。

> 3 岁的晓晓上幼儿园后，与小朋友接触的机会越来越多了。这期间，晓晓发现了女孩和男孩有很多不同的地方，有一次晚饭的时候，她问妈妈："妈妈，我和我们班的女生是不是长大后会生宝宝？"
>
> 妈妈很惊奇孩子怎么会有这种想法，就问晓晓："你为什么会想到生孩子呢？"晓晓眨眨眼说："因为妈妈生了我，妈妈是女的，我们也都是女的，所以我们将来肯定也会生孩子的！"妈妈很佩服女儿的推理，顺势夸奖她："是这样的，一般女孩子长成大人后都可以生孩子，但是首先要长大成人，然后还要结婚才可以生孩子的。"晓晓虽似懂非懂，但对这个答案还是比较满意的。

回答孩子的问题时不要过于严肃，你的平静、温和的态度是对孩子最大的帮助。当男孩对自己的生殖器问题感到困惑时，父母要以实事求是的态度，用轻松的语言给孩子解释清楚。你要告诉他，男孩生来就跟女孩不一样的。这时你可以举几个例子，告诉他，他和爸爸、叔叔是一样的，而妹妹跟妈妈、姑姑是一样的。这样孩子会更容易理解。

跟孩子交流时一定要注意方法和措辞，尽量做到言简意赅、简洁明了，尽量少用专业术语，只用他能听懂的话来解释。

父母要客观面对孩子对性的困惑以及相关的问题，学会见招拆招，有策略讲方法地化解孩子内心的困惑才是正确的做法。

四、智能发展的加速期

1. 天马行空的想象力

进入了 3 岁，由于生活经验的增长，大多数孩子的想象力开始飞速发展，这时期的想象基本上是一种无意识想象，是一种"自由联想"。

他们对周围的一切事物都很关心，兴趣浓厚，喜欢刨根问底；他们希望从父母那里得到问题的答案；他们发挥自己的想象力，将废纸箱变成自己的小汽车，爸爸的电动剃须刀可以是电话，妈妈的丝巾是自己最好的外衣……他们手中的东西都有了象征意义。

3 岁孩子的想象不仅仅局限于具体事物，还带有一定的情节。发明家爱迪生小的时候便很善于想象，且热爱科学，凡事都爱寻根追底，喜欢动手试一试。有一次，他看到母鸡在孵蛋，就好奇地问妈妈："母鸡为什么趴在鸡蛋上不动呢？它是不是生病了？"妈妈告诉他，母鸡是在孵小鸡。爱迪生的小脑袋开始想自己是不是也能孵出小鸡呢，于是他也把鸡蛋放在自己的屁股下面，想孵出小鸡来。尽管最后失败了，但他的想象力却得到了开发和锻炼。

孩子在3岁时有天马行空的想象力是件好事，但需要父母去引导，去开发。如何让孩子运用好自己的想象力呢？

（1）保护和激发孩子的好奇心

好奇心是推动3岁孩子想象力产生和发展的重要因素。可是当孩子拿起画笔满纸涂鸦时，一些父母常会站出来指责孩子"乱画"；当孩子兴致勃勃地拆解玩具汽车时，又会受到父母严厉的责骂。这些做法无疑都是在扼杀孩子的好奇心和想象力。

实际上，孩子的这种自发的乱画、乱拆，正是孩子对世界的认识和发挥想象力的独特反映，也是孩子开发潜能的表现。若在此时能得到家长及时的鼓励，孩子的想象力和创造潜能就有机会发展；相反，孩子的自信心就会受挫。

因此，聪明的父母既要保护孩子的好奇心，尽可能满足孩子对未知事物的探索欲望，又要进一步激发他的好奇心，鼓励他对新鲜事物进行观察和认识。

（2）多用开放式提问

很多中国的父母在对孩子提问时，倾向于封闭式提问，而且内容也多是关注孩子的生活情况和学习情况。比如，妈妈会问自己的孩子："今天在幼儿园吃得好不好？""有人欺负你吗？"这种封闭式的问法使孩子在与父母的对话中只能应答，好不好，有没有。而且容易让孩子产生压抑感和被询问感，而其自我表达的愿望和积极性也会受到限制。

国外父母的提问则多是开放式的，而且他们把注意力更多地放在孩子的情绪、情感、兴趣、能力以及孩子自身成功感的建立和与伙伴的交往上。他们会问孩子："宝贝，今天你快乐吗？""今天又有什么有趣的事吗？跟爸爸妈妈讲一讲。"这种开放式提问的答案是多样的，是没有限制、没有框架的，可以让孩子自由发挥。

因此，对你的孩子进行提问时，最好多使用开放性语言。让孩子通过思考表达自己的想法、感受，这样有助于开阔孩子的思维。

（3）与你的孩子一起做游戏吧

3岁孩子的想象力是在各种活动中逐渐发展起来的，尤其是各种游戏活动。父母应积极参与孩子的游戏活动，并进行适当的引导。但是千万别忘了，孩子是游戏的主角。

游戏当然离不开玩具，选择玩具重要的是看它能否满足孩子想象力发展的需要，而不在于它有多么贵重。所有有利于孩子智力发展的东西都可以制成玩具，而且整个制作过程也是激发孩子想象力的最好时机。

需要说明的是，此阶段孩子的想象力容易和现实混淆，言谈中常常有虚构的成分，往往会对事物的某些特征和情节加以夸大。比如，他会在其他小朋友面前吹嘘："我家的面包比火车还大。""我爸爸给我买了一个超级机器人，比房子还高。"事实上，他并不是真的在撒谎，而是把现实和想象混在一起了。

这时你对孩子的"谎话"若表示出责怪，不仅会破坏他的想象力，也会伤了他的自尊心。聪明的做法是做好引导工作，当孩子说自己的超级机器人比房子还高时，你可以先认同孩子的这种美好愿望，然后再告诉他真实的情况。你可以引导他，如果将来当一个科学家，那么便可以为自己设计一个比房子还高的超级机器人。通过这种方式，孩子会对现实和想象加以区分。

2. 没有什么比游戏更能让孩子加深记忆

有时，孩子也许厌倦了妈妈做的饭菜，厌倦了爸爸讲的故事，更厌倦了爷爷奶奶无微不至的呵护，但唯独有一件事从不使他厌倦，那就是做游戏，尤其是那些能给他们带来新鲜感的游戏。

对于一个已经具备了一定动手能力的3岁孩子来说，游戏永远充满了神奇的魔力。父母千万不要去责怪孩子过于贪玩，你们此时唯一要做的是帮助他更好地玩耍。因为游戏不仅仅有助于孩子想象力的发挥，更有利于孩子记忆潜能的开发。

记忆分无意识记忆和有意识记忆。3岁孩子的记忆大部分是无意识的。无意识记忆没有什么明确的记忆目的，是在生活中自然而然地记住了一些东西。并不是因为别人的要求或自己的需要去记忆，而是因为一些事物本身，如生动形象、具体鲜明等特征，能引起孩子的兴趣或强烈的情绪体验，孩子自然而然地就记住了。

但是在实际生活当中，在增加孩子无意识记忆的同时，有些事情不是那么生动有趣，而是比较枯燥，很难引起孩子的兴趣。

这时想要增加孩子的无意识训练，可为孩子提供一些色彩鲜明、形象具体，并富有感染力的识记材料来加以引导，充分发挥孩子的无意识记忆，促进孩子无意识记忆能力的发展。比如，用各种材料制作的、形状各异的、有趣的小卡片，能活动的计数器等。也可以采用儿歌记忆法，把需要识记的材料编成儿歌或诗词，形成一种节奏顺序，以提高孩子的记忆效果。

此外，父母还应该去激发孩子有意识记忆。有意识记忆是有明确的记忆目的，是有意识地、自觉地去识记一些东西。游戏这种方式在有意识记忆中可充当主角。如果爸爸把枯燥的故事变一下形式，效果就会大不一样。可以把故事的情节变成有目的性的游戏，这时孩子不仅更喜欢游戏，而且也更喜欢听你的故事。他希望你的故事情节越复杂越好，因为此时的游戏会变得越来越刺激。

因为3岁的孩子需要记忆的内容比较多，即使父母在做游戏的过程中引导孩子去记忆，也需要一些科学的方法。比如，和孩子一起来玩个游戏：把六种玩具按先后次序排列在桌上，让孩子看上几十秒钟，然后遮起来让他凭记忆依次说出这六种玩具的名称。或者，让孩子闭上眼睛，说出你穿戴的衣帽鞋袜分别是什么颜色的。如果你也闭上眼睛，并说出孩子穿戴的衣帽鞋袜的颜色，会引起他对这种游戏的极大兴趣。

为了培养3岁的孩子有意识记忆的能力，还可以在日常生活和各种有组织的儿童活动中，经常有意识地向孩子提出具体明确的识记任务，促进孩子有意识记忆的发展。比如，在听故事、外出参观、饭后散步时，父母都应该给孩子提出明确的任务。如果没有具体要求，孩子是不会主动进行记忆的。

当然，你不要让孩子记忆太复杂的事物，比如看地图，说出各个国家和城市名称等。因为他的大脑神经还没有发育健全，过分强化记忆的训练会弱化其他智能的发展。

3. 没有破坏力就没有创造力

当周围的邻居给你刚进入3岁的孩子冠以"淘气包""捣蛋鬼""破坏大王"的绰号时，你千万不要把孩子拉来痛斥一顿，这不仅于事无补，还会让他产生报复心理，进而产生更多的破坏行为。

3岁之前，孩子关注更多的是超市里的糖果、餐桌上的饭菜、父母的爱……而到了3岁之后，孩子的注意力开始发生了转移，他们会关注玩具车为什么能跑，玩具熊会不会生孩子等。但是由于他们认知能力有限，在得不到答案时就会用破坏性行为来挖掘事物的本质。如他们通常会把玩具车狠狠摔在地上，然后在一堆破碎的零件中翻来翻去；他们也会用小手拿着剪刀剪开玩具熊，查看里面是否还有小玩具熊……

孩子的这种行为有时会招致家长的各种不满和抱怨，有的家长会通过训斥和打骂来约束孩子。

爸爸在超市里看到了一个漂亮的玩具汽车，于是给3岁的儿子买了回来。儿子非常喜欢，整天在地板上摆弄来摆弄去。

周末的晚上，爸爸妈妈正在看电视，儿子哭着来到他们面前说："爸爸，小汽车坏掉了。"爸爸到儿子的卧室一看，发现小汽车已经四分五裂了。看着刚买不久的小汽车被儿子弄成这样，爸爸生气了："你怎么把小汽车拆了？真是不懂事！"儿子点点头，低下了脑袋。

接着，爸爸开始不停地训斥儿子："给你买了这么多的玩具，都被你搞坏了，你怎么就一点都不能让人省心呢？"儿子低声说道："我只想看看它里面有什么。"

爸爸厉声说道："你就是个破坏分子，怎么这么调皮！以后再也不给你买东西了。"

儿子望着小汽车，眼泪直在眼眶里打转……

像这位爸爸一样，许多家长总是从孩子身上看到负面信息，事实上，你的那个具有破坏性的孩子有可能是未来的创造天才。因为没有破坏力就没有创造力，因为破坏所以能深入探索，因为能深入探索所以能有新发明。

（1）给孩子一片"破坏"的天空

你的孩子非常调皮捣蛋，喜欢各种"破坏"行为，那你就给他一片可以肆意"破坏"的天空。日本有一位发明大王名叫中松义郎。小时候，由于好奇，他把父母新买的一辆汽车拆解成各种零件。可是后来，他在50年间共发明了两千多项科研成果。

聪明的父母应该认识到，孩子的"破坏行为"并不一定是真的在破坏。他之所以会弄坏某个东西，是因为他对这个东西感兴趣，想看看究竟是怎么回事。意大利著名教育家蒙特梭利说，"这是因为他想知道这件东西的构造""他在寻找玩具里面是否有有趣的东西，因为外观上玩具没有一点使他感兴趣的地方"。

（2）探索是孩子的本能需要，应给予鼓励和支持

孩子到了3岁后，会在玩耍中探索生命、家庭关系等深层次的问题，他们正是通过这些不断的探索和尝试，才能获得生活和成功的体验。这是孩子的一种本能的"需要"，这种"需要"使得孩子总会竭尽所能、集中精力地去实践。当他们实现了预定目标的时候，就会感受到一种巨大的快乐和成就感。即使是3岁的孩子，也有这种迫切的需求。

当然，你的孩子在探索的过程中也会表现出紧张、恐惧，害怕自己做不

好，这是正常现象。这时，如果家长对孩子说："算了，这很危险，你不要做了。小心点，这会伤害到你的！""你离这些东西远一点，太危险了！"那么，孩子想要探索新事物的那种微弱的自信心就会被赶跑。如果我们对孩子说"没事，来试试吧，但是要注意……"之类的话，以此来鼓励孩子探索新事物，同时教给孩子必要的防护方法和知识，那么就可以在保护孩子不受伤害的同时，让他尽情体验探索的乐趣。

如果孩子在探索的过程中失败了，我们应该这样对孩子说："没关系，刚开始做总会这样，你再试试！""这次你知道失败的原因了，下次就不会犯同样的错误了！"这样，孩子在失败后就能够迅速调整心态，继续他们的探索活动。

（3）不要以赏罚的方式去影响孩子智力的开发

对新事物的好奇心和热情是影响孩子智力的重要因素。父母做出不恰当的奖惩会降低孩子对事物的好奇心和热情。如果你想对孩子的进步给予鼓励，你可以给孩子提供一些有利于满足其好奇心，又能让他自己阅读的书籍，应让孩子体会到满足自己的好奇心和不断求知是一件快乐的事，更是自己的事，用不着外在的刺激。

4. 分清"慢半拍"的原因

也许在你的眼里，你的 3 岁孩子并不聪明，凡事总是"慢半拍"，总是不如邻居家的小孩做得好，难道孩子的智力有问题？一旦你的孩子对于某件看似简单的事情表现得束手无策时，你的内心会更加认同自己的消极想法。

事实上，你的这种担心是你对孩子教育的结果。除去先天因素外（这种因素的概率非常小），父母的溺爱让孩子失去了动手能力，其智力发展也受到了压制。也许你是出于爱孩子的心理，或因担心孩子"做不好""太费时间"等种种理由，没有让孩子亲自动手，但这无疑是剥夺了孩子动手的权利。日久天长，就会使孩子对自己的行动缺乏紧迫感和预见性，他知道如果一件事情自己不做的话，最后父母一定会帮他做。

当孩子真正接触社会，接触到外面的世界后，比如，上幼儿园后，这些不具备一定的独立和自立能力的孩子在群体中就会相形见绌，他们更想央求别的小朋友的帮助。其结果是依赖性越来越强，动作越来越慢，思维也越来越迟缓。

其实，孩子到了 3 岁，本身就开始有了自己做事的强烈愿望，父母不应该过分干涉，而应该因势利导，培养孩子的独立性。比如，孩子吃饭时还是故意慢吞吞的，甚至是等着你来喂他，最好的办法就是冷处理。几次之后，孩子自然明白慢吞吞的结果就是没饭吃，就不会再慢下来了。

有的孩子因为缺乏自信，在各种活动中缺乏主动性和积极性，就会变得比别的小朋友"慢半拍"。此时如果你再加以指责，在孩子的内心就会产生一种负面的暗示作用，他反而会"破罐破摔"，变得更加慢了。

所以，父母千万不要再雪上加霜去责备孩子，尤其不要对孩子说"你太笨了"之类的话。你要做的应该是再给孩子一点鼓励，这种鼓励不一定要用语言的形式表达出来，信任的目光、亲切喜悦的笑脸，都会使孩子更加自信。

有的孩子因为缺乏安全感，刚上幼儿园时，很难适应与父母的暂时分离，总是在一踏进幼儿园的大门时就哭闹不止。这时你可让孩子多与小朋友玩玩游戏，转移孩子的注意力，让孩子沉浸在开心和快乐的氛围里，孩子就会慢慢适应了，但是这需要一个过程。

当然，孩子在 3 岁左右的时候，我们没有必要为了证明孩子"脑子没有问题"而刻意地去教他识字或算术。如果孩子有不错的发展潜力，在一个良好而温馨的环境中，只要给予孩子足够的关爱与支持，孩子的能力便会自然而然地发挥出来。因此，在孩子 3 岁左右的时候，你不必为了孩子的能力表现而着急。你要做的是耐心地观察，看他是否具备了与同龄孩子相似的基本能力。

第七章

3岁孩子的变化：
行为、语言表达和智力发育

在 3 ~ 4 岁这个阶段，孩子的想象力空前提高，他的行为、语言和智力都在飞快地发展着。他从慢走、快跑、玩沙子、画画、堆积木，到与别的孩子一起做游戏、抢伙伴的玩具，再到学着自己穿衣服、流利地说话、自己编简单的故事……他们的一言一行、一举一动都在告诉你：3岁的他已经能做很多复杂的事情了！接着就看父母如何逐一开启他内心通往外面世界的大门了。

一、3 岁到 3 岁半：各方面进步都很快

1. 视觉方面：观察力的增强和注意力易分散的问题

孩子在 3 岁到 3 岁半这一阶段，在视觉捕捉上已经相当敏锐了，观察力也变强了，他们更喜欢明亮的色彩。在这个阶段，凡是强度大、变化多、新奇的事物，或是颜色鲜艳、形象滑稽、有声响、能活动的事物，都很容易引起小家伙的无意识注意。

在 3 岁到 3 岁半这个阶段，关注细小事物也是孩子的一种特殊心理需求。细心的父母会发现，和孩子去公园看花时，他总能看到藏在花丛中的小蜜蜂；当吃米饭时，他很难容忍最讨厌的菜叶在碗里，哪怕是很小很小的一片，他也会大声叫嚷着，直到你完全拿走这片小菜叶。

为什么这个时期孩子会这样呢？从心理学角度来看，在无所不能的大人面前，弱小的孩子更愿意选择比自己弱小的事物去关注，以寻求内心的平衡感。

3 岁左右，孩子的视觉空间智能比以前有了明显的进步。在形状知觉发展方面，他们能准确找出相同的几何图形，并能用一些形象的词来描述这些几何图形，比如把圆形称为球。但这个阶段的孩子对不同的几何图形的辨认有程度上的差异，比如，他们能认识圆形，但对三角形的认识不是太明确。

3 岁的孩子对于左右方位知觉的认识水平也有明显的提高，已经能够辨别左右方位。他们还能够拼上切开的 4 ~ 8 块拼图，能切分圆形，还能分清自己身体左右不同的部位。

从引导与培养方面，可以让 3 岁孩子在磁性玩具板或大人画好的人脸轮

廓的适当部位摆放五官，一边摆一边说出相应的名称，使孩子学会确定五官的名称和位置。孩子会在浓厚的兴趣中锻炼自己的视觉空间能力。

同时你也许会发现，孩子在这个时期里也变得很难专注下来，容易受外界事物的影响，注意力分散。

对于注意力容易分散的情况，我们可以通过游戏来纠正。比如，经常带孩子去参观动物园，每次回来后，先对孩子进行一些简单的开放式的提问，以唤起孩子的回忆，吸引孩子的注意力。可以提一些这样的问题：宝宝，能不能告诉爸爸妈妈，动物园里都有哪些小动物？宝宝最喜欢哪个动物？

在引起孩子的兴趣后，拿出一张森林背景图，上面有凶猛的老虎、漂亮的斑马以及其他一些小动物。在让孩子观察的同时提问：斑马和小兔子为什么拼命奔跑？老虎为什么要追斑马？老虎为什么能吃其他小动物？一边引导孩子观察图片，一边用语言提示孩子将观察的重点放在更细小的事物上。

最后，父母可以和孩子一起进行"大老虎抓斑马"的小游戏，让爸爸假扮大老虎，孩子假扮斑马。这样，不仅可以使孩子注意力集中，还可以调节孩子的神经，对孩子的身心起到一定的放松作用。

2. 阅读方面：睡前故事有利于激发孩子的阅读兴趣

很多父母根本不相信自己的孩子在 3 岁左右会具有阅读能力，而事实证明 3 岁的孩子在阅读方面已经表现出了惊人的能力。

作为父母的你是不是在读小学的时候才把"上、中、下、大、小、左、右"熟练记住？而如今你的 3 岁孩子完全可以把你买给他的卡片上的文字记得很清楚，尽管他们还不是很明白那些文字的意思。

3 岁的孩子可以从生活经验中觉察出文字的不同功能。他知道爸爸贴在各种玩具箱上的贴纸内容代表着不同类型的玩具。

　　3 岁的孩子会模仿和应用书中学来的新字词。如果父母经常和孩子在一起读图文书，他会很快模仿出所学的新字词与复杂的句法。

　　孩子的这些阅读能力累积起来，对于阅读兴趣与未来独立阅读能力的养成具有超乎想象的影响。因此，进入 3 岁以后，父母就要开始有意识地去培养孩子的阅读潜能了。

　　在培养阅读能力方面，生动有趣味的故事是最吸引孩子的。这时期的孩子认知力和想象力已经很强了，他们对父母每天晚上给他们讲的故事充满了极大的好奇心。当然，如果你的故事过于冗长，讲解又不生动的话，孩子会很快失去耐性，这是父母应该注意的问题。

　　刚开始，对于还缺乏耐性的孩子来说，我们可以选择带配图的故事书，且图片色彩鲜明，故事具体有趣。先让孩子看一会儿，然后再讲解，讲解时要生动形象，这样才容易吸引孩子的注意力。

　　父母在给孩子讲故事时，一定要把自己的情感加进去，这样的故事听起来才不会显得枯燥无味。在讲故事之前，可以先了解一下故事的主题和内容。如果父母自己先看一遍，了解一下故事的内容，再讲给孩子听，会自然生动得多。

　　在讲故事时适度变化一下你的声调，听起来会更加生动。比如，讲到火车来了，可以发出"呜呜"的声音；讲到小猫来了，可以发出"喵喵"的声音。用不同的拟声发音来表现出故事情节，会使你的故事像广播剧一样精彩。

　　在讲故事的过程中，父母可以不时地停下来，鼓励孩子猜一猜下面的情节；或针对故事情节提问，让孩子来回答；还可以利用画面教孩子识别图案、学习计数，认识简单的文字。

　　当孩子进入幼儿园，开始了团体生活时，他的生活经验就会越来越丰富，认知和学习的渴望也随之增加，这时每天晚上给孩子讲故事时，可以尝试讲一些情节稍微复杂的内容给孩子听。

当然，你的睡前故事最好情节变化平缓，不要讲让孩子过于兴奋或恐惧的故事。时间上也应注意把握，不要影响到孩子的休息。

3. 音乐方面：3 岁是孩子人生中最重要的一个音符

心理学家认为，人人都有音乐细胞，这是进化使然：在人类进化的过程中，我们一开始不是通过文字、语言来交流的，而是依靠旋律、音调和节奏来交流。因此，每个孩子自出生起就具有一定的音乐才能。

可是现实生活中，为什么有的孩子对音乐还是一窍不通呢？很多父母有这样的疑问："我的孩子小时候很有音乐天赋，可为什么长大后却变得五音不全了？"这是因为孩子的音乐潜能在刚开始时是沉睡的，需要通过外界进行适宜的刺激，才能激活。

什么时候开始培养孩子的音乐潜能呢？我们先来分析一下，从听觉能力方面说，孩子在 3 岁的时候就已经具有一定的听觉辨别能力，通过培养也可提高一定的听觉感受能力，领略音乐艺术的美。同时，孩子还具有了一定的听觉记忆能力，即记忆音乐、再现音乐的能力。不少孩子在 3 岁时已经会唱五个音阶内的歌曲了，可以随着手机或电脑里的音乐哼上几句。这种情况就是孩子具备听觉记忆能力的表现。因此，3 岁是培养孩子听觉能力的最佳时期。

音乐神童莫扎特就是在 3 岁时显露出了音乐才能。有一天，在宫廷乐团里担任小提琴手的爸爸在琴房里教姐姐弹钢琴，莫扎特被美妙的音乐吸引了，他搬来一个小凳子坐在一边听，对音乐一下子就着迷了。从那以后，每当爸爸教姐姐弹琴的时候，小莫扎特就在一边认真地听。

莫扎特的记忆力非常好，只要是他听过的曲子，都能清晰地记得，因此每次姐姐弹错时他都能准确地指出来。这时莫扎特的父亲才发现儿子其实是个音乐天才，于是开始开发儿子的音乐潜能，并在他4岁的时候正式教他弹琴……多年以后，这位小神童成为欧洲最伟大的古典主义音乐作曲家。

当然，有的 3 岁的孩子还会按旋律敲击节拍，按节拍做动作。他们会试着用一两种打击乐器打击出不同节奏，虽然节奏并不准确合拍，但是这表明他们已经开始学着控制自己的动作了。

这时我们可以为孩子随时随地播放一些音乐，最好只放一两首曲子，等孩子听熟了以后，再更换新的曲子，这样才能使孩子从多次重复听唱及学习中产生熟悉的感觉，进而体会曲子的节拍、音调、强弱，促进模仿力及注意力的提升。当然你选择的音乐的声音不能过大，最好不超过 70 分贝，以保护孩子的听力。

另外，父母还可以为孩子创设良好的音乐学习环境，可从以下几个方面入手。

平时多让你的孩子去感受一下大自然中的各种声音。比如，山间潺潺的溪流声、雷雨的轰鸣声、林中的鸟语蜂鸣……有心的家长还可以将这些声音录制下来，让孩子反复聆听，并且让孩子分辨，这样随着年龄增长孩子会逐渐学会分辨各种声音的音高、音调、音强和音色。

让音乐伴随着孩子每天的各种活动。比如，起床时，可以播放一些活泼、欢快的乐曲；吃饭时，播放一些轻柔、舒缓的乐曲；临睡前，播放一些轻松、安静的乐曲。

平时还可以让孩子跟随音乐的节拍有节奏地做动作，如拍手、踏步、跳舞等。这可以有效地培养孩子的节奏感，提高孩子的音乐素养。

给孩子讲故事时，也可选择和谐的乐曲作为背景音乐，以增强感染力。

作为父母，应在孩子 3 岁后尽量去培养和引导孩子的音乐天赋，这也是父母给予孩子最好的礼物。

4．绘画方面：由无意识的涂鸦期转为有意识的象征期

孩子在一两岁的时候就能够自己独立画画了。也许在父母眼里孩子画出的简单的、杂乱的线条看不出像什么，但是在孩子的世界里却代表了很多事物——弯曲的线条可能是他爱吃的苹果，直一点的线条可能是他手中的画笔……对于一两岁的孩子来说，这已经足够了。这个阶段，信手涂鸦是孩子的无意识乱画，也称之为涂鸦期。

孩子 3 岁时的绘画能力进入了一个新的时期。此时他的想象力和创造力已经有了很大发展，绘画能力的发展由涂鸦期进入象征期：他会通过绘画来表达自己的愿望，会把线条、图形加以简单组合来表现事物的大致特征。

3 岁的孩子开始有了运笔意识。他的画作有了内容，并且是从抽象走向具体，开始展现一些基本的形状，如圆形、三角形、正方形等。此时孩子开始明白他的动作与他所画的符号之间的联系了。这时父母可引导孩子画得更丰富。比如，孩子在画板上画一个圈，如果是圆的，父母可以给它画一个柄，告诉孩子这是苹果。孩子会很高兴，他会继续画，不停地问爸爸妈妈他的画像什么。慢慢地，孩子会有意识地画出自己想象的事物，使画画成为有意义、有目的的事。

当然，3 岁的孩子能表达的图形还很少，因此有些孩子在绘画时，常常边画边用语言来补充画面内容。

3 岁的孩子会对鲜艳、饱和的色彩有偏爱，因为 3 ~ 4 岁是孩子的色彩敏感期，他们喜欢认识色彩。3 岁孩子对色彩的认识更多地体现在生活中，他们会自己选择玩具的颜色，选择衣服的颜色……

总的来说，3 岁左右是培养孩子绘画潜能的关键时期。这时父母不要过于限制孩子的绘画方式，一位非常著名的画家如是说："小孩子画画是一种创造能力的发挥，如果家长要求得太多，所提供的条条框框太多，必定会约束孩子的创造力。所以让孩子随意去画，看到什么画什么，想画什么画什

么，在这种自由的环境下，孩子的绘画潜能才能被最大限度地激发出来。"

这时父母要做的是，多为孩子准备几个画板和画笔，并引导孩子逐步认识和学会使用，然后与孩子一起画画，不要用"像"与"不像"来衡量孩子的作品。

5. 动手方面：能力开始成熟，发展孩子的动作

3岁半左右是孩子动手能力发展的关键期，孩子的肌肉控制能力正在不断增强，这是掌握很多精细手指运动的初级阶段。

3岁的孩子刚开始只能用整个拳头去拿东西，过一段时间后，就可以用大拇指和食指去拿很细小的东西。孩子的这种动作变化是与脑部运动神经的发展相一致的。有的孩子能够画方形、圆形，或自由涂鸦，有的孩子甚至还会折纸、会用蜡笔画画、会使用剪刀，能沿线剪直条等，显然，孩子的动作逐步精细化了。父母可以让孩子发挥想象力，培养孩子的绘画能力和抽象艺术感。

平时父母应锻炼孩子拿取细小物品、玩具的能力，让孩子观察各种事物。这样做不仅能促进孩子脑部神经的发育，而且也可以让孩子在拿取物体的过程中知道各种事物的性质，比如，装有热水的杯子是烫的，装有冷水的杯子是冰的等，让孩子增长见识和经验。

父母不要过分限制孩子的自由活动，只要在安全范围，就可以让孩子去尽情地玩，让他在活动中增智力、长见识。

孩子到了3岁半左右，随着思维和动作的发展，也产生了自己动手的愿望，父母可以利用一些简单的工具来锻炼孩子的手指灵巧程度，开发孩子的智力。

父母可根据3岁孩子的年龄特点，在选择工具和材料时，找一些薄纸或可以随意捏的橡皮泥等，制作一些橡皮泥塑、折纸、贺卡。最好不要用锋利的剪刀或小刀，以免伤到孩子。

父母同孩子一起做手工时，可以到超市买一些现成的材料，最好和孩子

一起准备，也可以废物利用，像家里的饮料瓶、易拉罐等。这样不但能培养孩子勤俭节约的习惯，还有利于孩子发挥创造性。

让孩子做一些力所能及的家务也可以锻炼孩子的动手能力。但是，很多父母都觉得孩子还小，而不愿意让孩子去摸这摸那。如孩子要自己穿衣服，可是父母却嫌他们动作太慢，于是便主动帮他们穿戴整齐；孩子想跟大人一起洗碗，可是妈妈说："你太小了，会把衣服弄湿，还有可能把碗打破。等大一点了再帮妈妈。"虽然妈妈的话不无道理，但却扼杀了孩子主动做事的愿望。就这样，孩子爱动手的天性，由于受到父母过多的干预、训斥，逐渐地就被压抑了，这其实扼杀了孩子的探索欲望与动手能力。

我们看一看外国父母是怎么培养孩子的动手能力的：日本孩子在很小的时候，妈妈就给他们灌输一种思想——不给别人添麻烦。在日常生活中，日本妈妈也十分注意培养孩子的自理能力和自立精神。全家人外出旅行时，不论孩子多么小，都要自己背一个小背包。妈妈认为"这是他们自己的东西，应该自己来背"。

作为父母，要让你的 3 岁孩子尽早地动起手来。比如，让孩子自己洗脸、吃饭、系鞋带、穿衣服。虽然孩子开始学习洗脸时表现得很难尽如人意，甚至会边洗脸边忘乎所以地玩起水来，但你不要因此沉下脸收起毛巾，或干脆代办，而应该在耐心具体指点的同时，对孩子大加赞赏："真了不起！我的宝贝能自己洗脸了！"孩子自己动手吃饭也许会弄脏了衣服，或者搞得满桌狼藉，但大人最好对此"视而不见"。

此时父母的任务就是教会孩子如何去做，并耐心地把动作解释清楚，做个示范，让孩子看得懂、听得清，然后再让他练习。3 岁的孩子大多胆子小，做事前可能会有顾虑，怕把事做坏了。这时，父母要及时地帮孩子树立坚定的信心，打消孩子的顾虑。这样，孩子以后就会大胆地做事了。

二、语言发育的关键时期

1. 培养一个能说会道的孩子

每一位父母都希望自己的孩子口齿伶俐、语言表达能力强，尽管孩子到了3岁会有语言爆发现象，但这并不代表他马上就能变得能说会道。

一般来说，3～4岁孩子的语言发展很大程度上取决于外界的环境刺激。语言交流越是频繁，孩子获得的语言锻炼机会就越多，其语言表达能力也就提高得越快。我们发现在现实生活中，那些爱与他人交谈的孩子，语言能力都比较强，他们思维敏捷、敢于表达自己的想法；相反，那些不愿意或羞于与他人交谈的孩子，语言能力则表现得比较差。

其实，让孩子的语言能力获得良好发展，并不需要父母做什么特别的事情，只需每天拿出一部分时间，认认真真地对孩子进行一些小训练，一段时间后就会收获意外的惊喜。这些小训练包括以下几方面。

（1）多与孩子说话

3岁左右是孩子语言能力提高最快的阶段，孩子对于周围事物的理解和记忆越来越深，词汇量也迅速增加，并且能够听懂一些较长的句子。这时促进孩子语言发育的最好办法就是"多说"。

在3岁前几个月，父母最重要的工作是"输入"，即不断地和孩子说话，让孩子倾听。比如，你可以每天花费半小时左右的时间给孩子讲一些文字优美、朗朗上口的故事，一定要原文朗读，儿歌、童谣之类具有韵律感的读物，也很符合这一年龄段孩子的兴趣。

到了3岁半以后，父母一方面需要继续"输入"，另一方面，也要关注孩子的"输出"。这时候，孩子的话开始明显多起来，而且可能会"胡乱"地说，比如在复述故事时会和原文有较大的偏差。遇到这种情况，父母一定要有耐心，不能急于要求孩子"听懂"，要允许他"畅所欲言"。

（2）鼓励孩子多说话

父母鼓励得越多，孩子就越能说；孩子说得越多，就越有助于他增加词汇量和提高语言表达能力。几个孩子聚在一起的时候，往往无拘无束，争先恐后地发言。这时，父母们可以设置一些问题，让孩子们讨论并表达自己的见解。

一位知名主持人如是说："小时候，别人都说我话多啰唆，只有阿涌叔叔欣赏我，甚至同意我在报纸上开辟了'啰唆先生信箱'，正是从这样一个充满鼓励的舞台起步，十几年后的我才会成为一名充满自信的主持人。"

（3）引导孩子规范说话

有些孩子虽然爱说话，但常常会出现语言表达不清，或用词不够准确的情况，不是缺少主语，就是语序颠倒，听起来令人费解。此时，父母应加以引导和纠正，否则，对孩子的语言发展很不利。

举例来说，当孩子看到柜子里放着玩具，很想玩时，就会指着玩具对父母说："玩具。"这时，父母不妨说："是的，柜子里有玩具。"这样的回答，孩子的要求没有得到满足，他可能会接着说："爸爸，玩玩具"或"妈妈，要玩具"。

父母还可以继续装作不懂，回答孩子："爸爸（妈妈）不想玩玩具。"从而引导孩子说出："爸爸（妈妈），我想玩玩具。"同时，父母要告诉孩子，一定要把话说完整，别人才能懂得他想表达的意思。这样日积月累，孩子就能逐步养成规范的表达习惯了。

2. 通过游戏培养孩子的语感

也许对于孩子来说，语感是很抽象、很神秘的概念，但要学好语言，感觉是很重要的。所谓语感就是一个人对语言文字的敏锐感受。语感是孩子说话的心理基础，随着说话能力的增强，孩子的语感也在不断充实活跃。

当孩子 1 岁多的时候，他听到妈妈亲切的话语，就会表现得很兴奋；听到节奏感强的音乐，就会有相应的表情和身体动作；而对于不太熟悉的声音，则表现得无动于衷。这就是孩子的初级语感。

等孩子到了3岁的时候，一些细心的父母会发现：孩子对文字开始表现得越来越敏感了。在教孩子背《三字经》时，他尽管很难一下子记下那么多文字，但是当你重复几遍后，再说出"人之初"时，他会自然而然地说出"性本善"；说"昔孟母"，他则会说出"择邻处"。同样，在让孩子背诵古诗时，你先读几遍给孩子听，接着你再读出这首诗的前几个字，他就能补充朗读后面的字。这也是孩子的语感。

对于3岁的孩子来说，要学好语言，除了通过长期的背诵，感受语言的韵律，形式上的对称外，还要建立起语言的秩序感。这种秩序感是孩子与生俱来就有的。

我们都知道，孩子从小就有很强的空间感。比如，爸爸的同事第一次来家里做客，任你怎样教孩子表达欢迎，孩子都表现得很不情愿。为什么小家伙看上去这么"没礼貌"呢？事实上并非如此，真实的情况是，孩子觉得家里本该只有几个熟悉的家人，不该有其他的陌生人，所以他没法对陌生人表现出热情和友好。再比如，你无意中动了孩子摆在阳台上的玩具，孩子会因此而大哭不止，你可能觉得莫名其妙，孩子这是怎么了？其实，这是因为孩子觉得这个玩具应该放在他记忆中那个固定的位置……这些都是孩子空间感的表现，也是秩序感的一种表现。

同样，孩子也有语言的秩序感。比如，在语序和词语的搭配方面，为什么有的孩子能写出好句子？一些教育专家认为，这是因为广泛阅读让孩子建立起了语感。但是，如果我们从小就没有对孩子进行语感训练，那孩子又怎么会有真正的语感呢？

父母可以通过游戏来培养孩子的语感，使孩子觉得学语言是很有趣的事情。

父母可以利用散步、睡前的时间和孩子做"你一言我一语"的语言游戏，比如，词语接龙、同义词、反义词抢说，组词组句等；可以进行词语修饰练习，比如，"灯"可以说成"五彩缤纷的灯""多彩多姿的灯""五颜六色的灯""五光十色的灯"等。

父母也可以和孩子玩句子"伸缩"游戏，"伸"就是把一句短话说长，比如，"他上学去了""他欢快地上学去了""他背着书包欢快地上学去了""今天他背着书包欢快地上学去了"……反过来训练，就是"缩"句。

孩子与孩子之间的游戏也有益于其语言的发展。比如，两个孩子坐在一起各自搭自己的积木，他们的自言自语很快也会发展成为你一言我一语，进而产生相互交流。

孩子在同他人游戏的过程中，对方说的话、做的动作以及表情等，都会激发他的语言潜能。

3. 口吃和发音不准确

口吃，在孩子 3 岁这个年龄段是很容易出现的，尤其是男孩。这是因为，3 岁的孩子对于他所想的和所要表达的内容的协调能力有限，特别是当孩子很兴奋或是很悲伤时，他的想法的形成要远远快于对语言表达的组织。

> 3 岁的晨晨已经会说很多话了，但有时候因为急于表达会变得有些口吃（对于一个只有 3 岁的孩子来说，想要完整地表达一件事是有一定难度的）。刚开始晨晨并没有在意这件事，但是晨晨的父母则非常担心，四处想办法为他求治口吃。晨晨出现口吃时，爸爸还会狠狠地批评他。这样一来，晨晨开始紧张了。有时候爸爸批评得过于严厉，晨晨就不敢张嘴说话了。还有几次，晨晨因为想说的话说不出来，一着急就会发脾气，开始扔东西、跺脚。

事实上，3 岁的孩子出现口吃，并不是什么大问题，随着年龄的增长和语言能力的增强，表达流畅了，孩子的口吃问题很可能就消失了。只是有的孩子快一点，有的孩子慢一点。

要矫正孩子的口吃问题，家长的态度很关键。假如孩子在学习说话的过程中，父母过于着急，过于担心，那么这种紧张一旦"传染"给孩子，他的口吃就会变得愈发严重。另外，当着其他人的面数落孩子，对孩子来说是莫大的耻辱，十分不可取。

对于口吃的 3 岁孩子来说，父母最好的做法就是当作什么事都没发生，不打断孩子说话。如果孩子已经掌握了很多词汇，可以试着让他避开难说的音节，或者用其他词语来表达。当然，你的表现一定要自然，而不是让孩子看出来你是在帮助他矫正毛病。

3 岁的孩子可能面临的另外一个问题就是发音不准确。对于这件事，你同样不用担心，更不要想着每次都去纠正。你反复纠正孩子把每个字都说准确，最后的结果很可能会让孩子渐渐发展成口吃。这时你唯一要做的是保持自己的发音始终正确，剩下的就是让孩子自己去慢慢模仿。

有一点要提醒父母，如果孩子模仿小时候的不准确发音来取悦你，你一定不要用他那种婴儿式的说话方式来回应。如果你也这样做了，就是对孩子的纵容，会让孩子觉得自己那样发音很可爱，影响他对语言表达的正确认知。在纠正孩子时，父母不要马上转变态度并表现出你的强烈反感。你要用正常的语调、规范的语言教孩子说话。因为孩子的模仿能力逐渐增强，规范的语言更有利于孩子语言能力的提高。

三、3 岁孩子的非凡注意力：细心呵护和培养

1. 父母总是在有意或无意间破坏孩子的注意力

孩子的专注力是与生俱来的，并且潜能巨大。在婴幼儿时期，孩子就会

用耳朵去听，用眼睛去看，用手去触摸。孩子因为成长的需要而产生兴趣，因为兴趣而变得专注。

3 岁半左右，是孩子注意力发展的关键期。此时的孩子是一个矛盾的综合体，他会对一切新鲜的事物充满好奇心，经常坐在自己喜欢的玩具前，这儿摆摆，那儿放放，一玩就是很长时间。但这时候的孩子对一切事物都充满好奇心，所以他很难只对一件事物保持长久的关注。

除了个体的差异外，孩子的注意力不能集中，还可能是一些外在因素导致的。比如，父母为孩子选择的游戏内容不适合他，或者室内活动太多，孩子（尤其是男孩子）的精力不能得以发泄，就会显得躁动不安。此外，有些父母的行为也会造成孩子注意力无法集中，让他显得心不在焉。

这些行为包括以下几方面。

（1）没时间陪孩子

如果你总以自己忙没时间陪孩子来当借口，那你的孩子很容易沉浸在自己的内心世界里。他可能会反复去玩自己喜欢的那几样玩具，但这种专注力只是以自我为中心开展的，是散漫无序的，是没有经过良好的引导与训练的。

（2）给孩子太多玩具

一些父母，常用更多的玩具来代替自己去"陪伴"孩子，这样的结果只会造成孩子更容易分心。他也许正沉浸在自己的小推土机如何使用的思考中，你又给他带回来的电动小汽车马上会让他放下手中的小推土机……没有专注的习惯，就不能挖掘出每一套玩具更深的内涵。只停留在玩具表面的诱惑中，孩子的逻辑思维能力根本得不到深入的发展。

（3）经常打断孩子

"宝宝，来喝酸奶吧！""宝宝，来吃水果吧！""宝宝，睡一会儿吧！"……当孩子正全部身心都投入那件百玩不厌的玩具中时，你是不是一直在旁边这样不停地"关心"着他？你的这种不分时机的问候，不但会引起孩子的反感和烦躁，还会无意间分散了孩子的注意力。

但是，有一种情况父母们要特别注意：如果你的孩子在做任何事（包括他最感兴趣的事情）的时候都不能超过 5 分钟的话，你要考虑孩子是不是患上了多动症或是存在着注意力方面的问题，必要时需要向专业机构进行咨询和治疗。

2. 创造有利于孩子集中注意力的环境

一般来说，3 岁以前的孩子注意力是被动的，只有新奇的、令他感兴趣的东西或事情才能吸引他，而且控制注意力的能力较弱。过了 3 岁以后，一些孩子的注意力可以保持较长时间，但这并不能说明什么问题，因为 3 岁的孩子还是很容易受到外界的干扰。

心理学家认为，环境与孩子注意力的集中有着密切的关系，若要孩子不"一心二用"，父母要学会给孩子创造一个良好的环境，并做到以下几点。

如果你能把孩子每天起床、吃饭、玩游戏、睡觉、讲故事的时间安排得较为固定，相信对于那个注意力不易集中的孩子来说，不失为一个好办法。

在现代家庭里，电视、电脑是让你的孩子无法保持专注的一个主因，因此少让孩子看电视、玩电脑，是让孩子静下心来的另一个好方法。

太多的玩具也会让孩子无法专注身边的事物，因此你应抽出时间来多陪陪孩子，而不是让更多的玩具来陪伴孩子。

当孩子专心做一件事时，不要给他太多的关心和问候，这些只需要在他伤心、疲惫、不开心，或者生病时去做就可以了，而在此时，你应当让他安静地玩一会儿。

动态的物体更能吸引孩子的注意力，那些在花丛中飞舞的蜜蜂远比静止的蜜蜂更容易帮助孩子获得认知。但和注意力关系最紧密的还是互动。在互动中，注意力得以加强。如果不存在互动，孩子的注意力会很快转移到一些更有趣的事物上。一旦存在互动，情况就会变得完全不同。每天你都要和孩子开展有趣的互动游戏，这样不仅能强化亲子关系，还能在活动中有意识地培养孩子的注意力。对于 3 岁的孩子来说，玩拼图、猜猜看等游戏都会让他投入专注。

过多的家庭争吵，会给孩子的心灵造成极为恶劣的影响，这种不良影响也会在注意力上表现出来。因此，为了孩子，父母之间还是少一些争吵，或注意回避孩子吧！

四、社交与情感的黄金爆发期：孩子渴望交到好朋友

1. 渴望集体活动，团队意识开始萌芽

强调自我是人类发展的基本意识，也是孩子自我安全感发展的结果，这种行为本身无可厚非。但是孩子的成长和社会化的发展过程，需要学会与别人合作、与别人分享，体会别人的感受，这是孩子社会化的需求。

生活中，很多父母对自己的孩子很担心，孩子这么小，能否和其他小朋友处得来呢？怎么会懂得那么复杂的社交技巧呢？事实上，这种担心是多余的。孩子到了 3 岁时，团队意识、合作意识都开始萌芽了，也就是说，孩子在此时已经由自然人向社会人转化了。

比起 2 岁的孩子来说，3 岁的孩子会更加独立，对父母的依赖也在渐渐减少，这是孩子自我意识得到强化和内心安全感提升的表现。3 岁的孩子开始产生了与他人发展友谊的强烈愿望，他会更乐于和其他的小朋友一起配合做游戏，而不再是喜欢自己在一旁玩耍。在与人交往的过程中，3 岁的孩子会意识到每一个小伙伴都有自己不同的性格和想法，有的比较张扬，有的则比较安静；同时，在发展友谊的过程中，他还会发现自己也有一些让人喜欢

的特征，这种发现对 3 岁孩子的自我认同感和自尊心的培养非常关键。

此外，3 岁的孩子也开始了团队意识的萌芽。3 岁半以后的孩子，已经开始懂得互相帮助了。在一些游戏活动中，他不再是一个旁观者，而成了真正的参与者，能自然、友好地与其他小伙伴组成几个人的小组。这个小组能否壮大，与孩子的自理能力、自我表现有很大的关系。孩子们只有在愉快的创造活动中，才能结为快乐的伙伴。有了好朋友以后，孩子的心中会逐渐产生"为了达到某个共同目标和朋友一起努力"的意识。这种密切的伙伴关系有助于激发孩子参与集体活动的主动性和积极性。

很多内向孩子的父母对孩子的未来总是很担心，怕孩子难以融入社会，这是可以理解的。一个活泼开朗、乐于与人相处的孩子更容易受到同伴的欢迎和喜爱，而且也容易适应新环境，但是对内向的孩子而言就没那么顺利了。有些孩子由于缺少同龄伙伴，接触面较窄等原因而导致性格内向，不善于与别人交往。针对这种情况，父母就要在日常生活中积极为孩子创造与他人交往的机会，同时教给孩子与人交往的技巧。

2. 支持和鼓励孩子自己去发展新朋友

尽管 3 岁的孩子已经开始有了初步的社交意识，但这还只算是一个启蒙期。毕竟不是所有 3 岁的孩子在此时都表现得很合作，因为现在的孩子大多是被一家两代甚至是三代人宠着。过度的呵护与溺爱，使得这些孩子心目中唯我独尊，不愿与人分享，不愿与人合作。

童童马上就要上幼儿园了，可是他从小到大一直没有一个玩得来的小伙伴，因为没有孩子愿意和他一起玩。原来童童从小就受家人的溺爱，占有欲也越来越强，自己的玩具从不主动拿去与别人分享，他喜欢的东西别人也不能碰。由于在家里受宠，童童就很霸道，想要的东西得不到的时候经常会撒泼；有时候在外面还欺负别

的小朋友，总是把小朋友招惹哭了。小童童有他自己的理由："我
喜欢的东西，就是我的，别人都不能动。""欺负别的小朋友，因为
感觉好玩！"这真是一个令人头疼的孩子。

即使你的孩子与其他孩子之间刚开始有很好的相处，但多数也只是表面
现象。如果涉及更多的原则问题，你的孩子同样会表现得有些自私和霸道，
让其他小伙伴对他望而却步。因此，在这个启蒙期如何引导孩子获得更多的
团队合作技巧才是最重要的。

想要培养孩子更多的合作意识，就要支持和鼓励孩子自己去发展新朋
友，这是获取合作最重要的一步。

（1）会玩的孩子朋友多

那些会玩的孩子往往会有很多的追随者，这样的孩子也容易成为小团队
里的"领袖"，而且共同的兴趣爱好又常常能把几个孩子聚合在一起，使孩
子在交往过程中能结交更多的新朋友。

别以为孩子在玩的方面永远无师自通，有时候他们也需要父母的指导，
需要成人智慧的引领。这就要求父母要先了解孩子的兴趣，尤其是多数孩子
喜欢玩的东西，比如水、沙子、橡皮泥、积木的各种玩法，同时还要培养孩
子的广泛兴趣。

（2）多营造孩子的交往环境

3 岁以后，父母可以帮助孩子设计一些活动，比如，让孩子每周和其他
孩子玩几次；也可定期请几个小伙伴来家里做客，这时父母要表示欢迎，并
主动拿出孩子的图书、玩具，引导孩子们一起阅读或游戏。

当然，孩子们可能会在游戏过程中产生一些分歧和小矛盾，你的孩子可
能会吃点亏，受点委屈，你要先有个心理准备。要知道，孩子间的交往是不
可能一直都顺利的，可对孩子来说却是一个很好的学习和适应机会。

你一定要说服自己先做一个旁观者，让孩子们在相互争吵中明白游戏的
规则，进而慢慢学会自己解决问题。从某种角度来说，孩子之间的吵架也是

发展智力、锻炼交往能力的一个有效途径。当然，事先或事后你可给孩子提出一些处理矛盾的方法，以便他们在遇事时不至于做出过于偏激的行为。

（3）教孩子一些交往的技巧

孩子在玩耍时，你要告诉他，在合作中既要尊重对方、服从大局，讲统一，又要有自己的立场。当孩子与同伴在活动中意见不统一或玩得不愉快时，你应及时引导孩子，让他们相互商量用什么方法可以使大家都玩得愉快，如用猜拳、轮流等方法协调关系，确定共同的目标，使活动顺利进行。通过一次次的交往与合作，孩子便会逐渐学会合作的方法、策略。

一位儿童教育专家经过调查发现，孩子在进行合作时会运用的社交技巧主要有：倾听他人、解决冲突、支持和鼓励他人、轮流参与、向他人表达胜利的喜悦以及向他人提出批评性意见等。

（4）充满激情的赞美和鼓励

当孩子有了积极正确的交往时，父母的赞美和鼓励是必要的，你可以亲吻、拥抱或抚摸孩子，这不但让孩子能感受到你的爱，更能让孩子明白自己的行为是正确的，因而才会得到爱抚。

3. 创设情境，给孩子更多的自我表达机会

很多 3 岁的孩子和父母在家游戏时，会玩得很欢，可是一到外面就不敢和其他小朋友一起玩了，显得胆子特别小，更多的时候总是跟在父母的身后，更别提和其他小朋友一起玩了。

3岁的小琪是一个在家非常淘气而到了外面就变得非常乖的孩子。每次和妈妈在小区里看到小朋友玩耍时，总想过去一起玩，可又有些胆怯。有几次有别的小朋友主动来拉他的手，想带他一起玩，他却总是躲在妈妈的后面，不敢出来。有时候在小朋友排队玩滑梯时，如果其他孩子（哪怕这个孩子比他小）在他后面排队，他

会主动让开，总是最后一个才上滑梯。刚上幼儿园时，即使有的小朋友抢了他的玩具，他也不敢去争……这让妈妈很担心，觉得孩子是不是有什么问题了。

对于刚上幼儿园的孩子来说，他们普遍存在这个问题。刚刚走出家门在一些公共场所流露出胆怯是很正常的，从熟悉的环境来到陌生的环境，每个孩子都会有些不适应。

3 岁左右的孩子已经处于社交的萌芽阶段，他们渴望与外界交流，渴望与小朋友一起玩耍。他们之所以不能很好地表达自己，可能是受到生活环境的影响。现实中人际关系的冷漠，再加上父母不能正确引导，让更多的孩子变得孤僻。

那些在家活泼到外面就胆小的孩子，或是在家里经常被溺爱，或是父母家教过严。被溺爱的孩子在熟悉的家庭环境里能够自信地表达自我，可以胡搅蛮缠，可以为所欲为；而家教过严，则会让孩子的好奇心受到打击，他们被要求不准动这儿，也不能动那儿。这两个极端的教育方式导致的结果通常是一样的，当孩子到了陌生环境中，就会感到处处受限，不能正确表达自我了。

对于不懂得和其他小伙伴相处的孩子来说，我们应该创设出情境，给孩子更多的自我表达机会。

（1）多带孩子参加集体活动

如果孩子不能适应外面的环境，那么他就永远也长不大。父母现在所要做的就是积极创造条件，鼓励或支持孩子多参加各种有益的集体活动和社会活动。

平时要多让孩子和其他小朋友一起玩，诸如共同搭积木、拼图等需要互相协作的活动；还可以鼓励孩子参加幼儿园里的唱歌、跳舞等活动。通过这些有意义的集体活动，可以让孩子收获更多的快乐和更多的朋友。

（2）不要过多地指责孩子的胆小怯懦

不能经常在孩子面前提起他内向的事实，因为你每次提起都是一种强化。时间长了，就会在孩子的内心固化下来，他就会片面地认为"我就是这样的"。

（3）让孩子感受到合作的快乐

如果你的孩子不愿意与其他小朋友一起合作，父母要让他感受到合作的快乐。当他在与人交往过程中感受到合作的愉快后，便会继续产生积极与别人合作的态度。因此，父母应注意引导孩子感受合作的成果，体验合作的愉快，激发孩子进一步合作的内在动机。比如，当孩子表现出合作行为时，你可以拿出事先准备好的相机拍摄下他和小朋友们"友好的一幕"或"合作的成果"，并给予孩子恰当的肯定和激励。

对于刚有社交欲望的 3 岁孩子来说，勇于表达自我是孩子社交活动的第一步。作为父母，不能因溺爱让孩子失去正常表达的能力，要为孩子多创造一些机会，让他们成为受欢迎的人。

第八章

别说你懂孩子的心：
3岁孩子行为背后的秘密

为什么孩子怕这怕那？为什么孩子对喜欢的东西总要占为己有？为什么孩子什么事都要说"我不会"？为什么孩子会说谎？为什么孩子会害羞？这些3岁的孩子发生的行为背后蕴藏着许多秘密，需要为人父母者耐心解读。

一、恐惧：很多事物都让他害怕

1. 幻想中的恐惧

3 岁的孩子特别爱幻想，与此同时，恐惧会突然出现在他们的身上，害怕动物、假面具、黑暗等。想让这一年龄段的孩子分清什么是真实的，什么是虚幻的，并不是件容易的事。对他们来说，房间里有一只隐形怪兽的可能性，似乎更加真实。

那些由于被父母逼着吃饭等问题而精神紧张的孩子、因为可怕的故事或者太多的警告而使想象力受到打击的孩子、缺乏人际交往的孩子以及被父母溺爱的孩子，更容易出现幻想中的恐惧。

> 有个 3 岁的小男孩每天晚上都不睡觉，眼睛总是不住地盯着家里的房门，说是害怕魔鬼进来。妈妈不耐烦地说："怕什么怕，什么都没有。"就这样，小男孩的恐惧被无知的妈妈压下去了，但这个阴影却一直跟着男孩，给他后来的生活带来很多负面的影响。

幻想恐怖的事情而产生恐惧心理是孩子成长过程中的必然现象，但是并不意味着这些恐惧就是无关紧要的，父母们一定要帮助孩子化解掉由幻想而产生的恐惧心理。

2. 害怕黑暗

黑暗是很多孩子不喜欢的，尤其是 3 ~ 4 岁的孩子。那么，孩子为什么对黑暗有深深的恐惧心理呢？

俄国著名心理学家巴甫洛夫的条件反射理论对此做了很好的解释。巴甫洛夫在做这个实验的过程中，给狗喂食的同时摇响铃铛，并在以后每次给狗喂食时都重复强化这一刺激。经过一段时间后，这些狗只要一听见铃声，嘴里就会自然而然地分泌出唾液。此时铃声就成了一个刺激条件，能引起狗分泌唾液的条件反射。

孩子对黑暗产生恐惧的原因，也是同样的道理。本来孩子对黑暗并不害怕，因为刚开始他并不理解周围的各种事物，因而除了某种本能的反应外，一般不会产生恐惧心理。但如果孩子在黑暗中受到过某种惊吓，这时黑暗就形成了一个刺激条件，以后他再进入黑暗的环境就会触景生情，产生恐惧的条件反射。

上述情形通常会在短时期内自行消失，但如果你的孩子持续怕黑，要想办法帮助他。这更多地取决于你的态度，而不是你的说教。

当孩子说黑暗中有"鬼怪"，很害怕时，你可以抱着实事求是的态度，认真对待他的幻觉。你可以给孩子一个手电筒，并告诉他打开手电筒可以驱除鬼怪；或者放一些轻柔平缓的音乐，转移孩子的注意力，让他轻松入睡；或者给他洗热水澡，讲一些轻松的故事，缓解他的情绪；或者在房间里开一盏小夜灯……当然，在帮助孩子消除恐惧心理的同时，还要告诉他，你会时刻陪在他身边。没有什么比父母陪在孩子身边更让他有安全感的了。

一天晚上，妈妈带着女儿去没有开灯的卧室睡觉。可是刚到了卧室门口，女儿就不敢走了，并说害怕。这时，妈妈紧紧地抓住女儿的手，微笑着说："宝贝，有妈妈陪着，不用害怕。咱们可以玩一个游戏——睁大眼睛找玩具。"

女儿这才跟在妈妈的后面，慢慢地往卧室里走，可是走了几步后还是站住了。这时，妈妈蹲下来，抱住女儿，用愉悦的声音问："宝贝，睁大眼睛，找一找你的玩具熊。"这时女儿开始睁大眼睛，努力找寻着。当她发现玩具熊就在自己的床头时，就愉快地走了过去，并高兴地喊道："妈妈，妈妈，我找到了。"此时的小家伙已完全忘记了对黑暗的恐惧……反复几次，她就不再害怕黑暗的房间了！

采用游戏的方法，并且陪伴在孩子的左右，是帮助孩子克服怕黑的巧妙办法。而睡觉前给孩子讲些恐怖故事是最不明智的了，哪怕你的孩子爱听，央求你给他讲。

如果孩子不惜一切代价想躲避黑暗，那么，你最好带着孩子找专业的医生看一看，即使你不是很确定是否有必要，也应该积极寻求医生的帮助。

3. 害怕凶猛的动物

很多3岁的孩子喜欢性格温顺的小动物，但对于一些凶猛的动物却非常害怕，尤其是比自己高大的动物。3岁的孩子会认识到高大凶猛的动物会咬人，害怕它们会把自己吃掉。

孩子对动物产生恐惧的原因也是因人而异的。有的孩子可能因为有过被动物玩具或真实动物伤害的经历，或是看过动物伤人的故事，所以会特别害怕某些动物。也有的孩子受到过大人的吓唬，比如有的父母经常说："如果你再淘气，狗狗就会来咬你！"久而久之，在孩子的心目中，狗就是一种凶恶的动物，爱咬人，他就会对狗产生恐惧情绪。

如果你的孩子害怕某些动物，就不要把他拉到这些动物面前证明不会有危险，那是没有用的。你越是这样做，他越会害怕。也不要说任何威胁恐吓孩子的话，避免让孩子想象动物的凶残。

平时父母们可以多为孩子讲一些关于动物的小故事，让孩子从电视、书籍中了解动物的习性，让孩子背诵一些关于动物的儿歌，或者和孩子一起做动物扮演游戏，这些都对消除孩子对某些动物的恐惧有帮助。

二、占有欲：我的，我的，这些都是我的

1. 自我中心意识带来的行为

"我的，我的，这些都是我的！""妈妈，不许你抱爸爸，只能抱我！" 3 岁的孩子在某个时期突然表现出强烈的占有欲，常常变成了小气鬼，想从他们的手里要东西简直比登天还难，甚至也不喜欢其他人接近自己最亲密的人。

"这些积木是我的，都是我的！是我先拿来的！" 3岁的小海一边喊着，一边拼命地用手护着自己面前的积木。

"我也想玩，我就拿走几块。"小刚站在旁边说。

"不给！你不能玩！"小海看来真的有点生气了。

"发生了什么事？"老师走过来低声说，"来，小海，这里还有许多积木呢，分给小刚一些。"

"不！"小海喊了起来，"那些积木都是我的！"

小刚这时拿走了几块散落在一旁的积木，在另一边搭了起来。

小海有点急了，他走上前去一把推倒了小刚搭的小房子，并尖叫着："一块也不给你玩，它们都是我的！"

老师很生气，但也毫无办法。

在 3 岁的小孩的眼里，一切东西都是自己的，当别人要跟自己分享时，他就会感到不习惯，显得十分霸道。为什么会这样呢？这和孩子的活动方式、自我中心意识发展的水平有着密切的关系。

当孩子 3 岁左右时，他会产生明显的"以我为中心"的意识，往往是从"我"出发，而不知道还有"你"和"他"，因而导致了这种独占行为的发生。但这与"自私自利"是有着本质区别的。因此，当孩子独占、抢夺别人东西时，父母千万不要大惊小怪，更不应责骂孩子。

如果你已经了解了孩子对所有物的重视程度，那么就应该接受孩子和其他孩子一起玩时随时可能发生争执的后果，应尽量避免让其他孩子去玩他的玩具。孩子的占有欲强代表他自我认同感的提升，所以换个角度来看，也是一个好现象。

父母应该正确看待儿童的"占有"行为，随着孩子年龄增长，加上父母的不断教育，孩子"以自我为中心"的意识会逐渐淡薄，"占有"行为也会逐渐地减少或消失。

2. 让 3 岁的孩子明白：只有付出才能得到

3 岁后期的孩子，不仅能意识到自己的独立存在，意识到自己的力量，也能清楚地区分主体和客体的关系，而且头脑中有"你、我、他"的概念。不过，他们还不太明白在自己和他人的关系中应该怎样做才能互惠互利。

小菲的妈妈经常在空闲时带小菲到附近的广场散步，广场上有很多孩子。小菲看到别的小朋友拿着玩具，就想和人家要，但是当其他孩子要求小菲交换玩具一起玩时，小菲却并不愿意。最后，小朋友们离她远去了，这让小菲很郁闷。

妈妈告诉小菲："想要玩别人的玩具，就要先把自己的玩具拿出来，才会有更多的小朋友愿意和你一起玩。"小菲刚开始并不同意，但是她发现其他小朋友在一起玩得很开心时，自己也有些心动。这时，妈妈鼓励小菲，大胆地和小朋友们一起玩，并拿出自己的玩具。小菲终于鼓起勇气来到小朋友当中……看着几个小家伙一起玩得那么高兴，小菲的妈妈露出了欣慰的笑容。

父母可以有意识地培养孩子一些待人接物的方式。比如，告诉孩子，要想玩别人的玩具时要礼貌地说"你的玩具汽车可以借我玩吗？""我们可以换着骑扭扭车吗？"等话语。

当你的孩子懂得了付出与回报的关系时，必要的表扬也是必不可少的。同时，也要告诉他表扬和奖励是不能轻易得到的。要让他知道，如果想得到表扬和奖励就要付出相应的努力。

当然，有的孩子并不容易理解付出的道理，他会用哭闹来逼着父母妥协。如果父母屈服了，就表明是在赞同他：只要哭闹，就可以得到任何想要的东西。若下一次再犯，就会很难驯服这个"小犟驴"。

三、什么事都说"我不会"

1. 自信心不足造成了孩子的"我不会"

那些幼儿园小班的老师经常会发现这样的情况，很多孩子常对他们说："老师，我不会。""老师，这个我做不好。""老师，我不会跳这个舞。"……老师们发现，信心不足的孩子都有这样的共同点。

他们非常依恋父母，每次妈妈送他们进幼儿园时都会用很长的时间。

上课时不敢或极少发言，不敢在众人面前讲话。

缺乏主见，喜欢跟在能力强的小朋友屁股后面。

遇到问题时，表现得很害怕，容易放弃。

不敢主动要求参加集体活动或其他小朋友的游戏。

不敢主动地与小伙伴交往，只有得到小伙伴的主动邀请，才敢迈出第一步。

害怕尝试新事物、新活动，不愿意从事那些有难度的或有挑战性的活动。

在必须完成一件未曾做的或看起来有难度的活动时，常会先说："老师，我不会。"

这些说"我不会"的孩子在 3 岁时表现得很明显，因为 3 岁是孩子的性格敏感期，很多孩子的不自信表现让父母为之担心。事实上，孩子在这个时期的不自信，很可能是父母造成的。

本来 3 岁的孩子已经开始走向独立了，这时他喜欢用"我来""我会""自己做"等语言表达，这是自信心的最初萌芽。可是父母对孩子包办代替过多，使得孩子失去了动手的机会，导致孩子不仅缺乏必要的生活自理能力，而且缺乏活动能力、解决问题的能力、与人交往的能力。以后在做其他事的过程中，一旦遭遇困难，他们就会用"我不会"来敷衍了事。

另外一种情况是，有些父母也会用严厉的批评，甚至是打骂的方式来教导孩子。这种做法，就像是一把锤子，一下子就把孩子的自信幼芽摧毁了。

不良的教育方式会培养出太多的"我不会"孩子，因此，想要让孩子说"我会""我能"，父母首先要帮助他树立自信心，让他的内心变得强大起来。

2. 鼓励孩子勇于尝试，正确面对失败

当孩子在自己动手遭遇挫折时，父母应引导孩子分析受挫折的原因，从中吸取教训，并想办法克服困难。如果孩子独自克服不了困难，父母应给予

适当的安慰，并提供一定的帮助，以免造成孩子过分紧张，影响身心健康。当孩子因遭遇失败而难过时，父母不应以怜悯的态度对待孩子，或者在孩子面前唉声叹气，甚至是劈头盖脸地责骂孩子。正确的方法是让孩子明白，失败、错误没什么大不了的，人人都可能碰到，勇敢、聪明的孩子会从失败中总结经验，继续努力。

父母的肯定是孩子自信心的源泉。有位哲人这样说："人类本质中最殷切的要求是渴望被肯定。"在马斯洛的"需要层次理论"中，自我实现的需要是最高层次的需要。孩子在主动做事时，充当了重要角色，在这一过程中找到了自我价值，内心就会得到满足。

3 ~ 4 岁的孩子可以整理自己的画册、洗碗、洗菜、帮父母拿拖鞋等。当孩子想要帮你做家务时，适时地加以肯定对他建立自信心是极有帮助的。你可以对他说："宝贝，我相信你可以的！""你把画册整理得不错。"这些都有利于孩子建立自信心。

如果孩子 3 岁前一直是在笼统模糊的赞美中成长的，那么上了幼儿园之后，孩子很快就会发现，在很多事情上，自己都是落后于人的。在强烈的对比之下，孩子以前树立起来的自信就会不堪一击，轰然倒塌，孩子也很容易滑入自卑的泥潭。因此，夸奖孩子的时候要具体到位，要做到明明白白。

四、说谎：孩子的"狡猾"手段

1. 3 岁的孩子为何要说谎

你有没有注意到，孩子到了 3 岁左右开始说谎了。作为父母，你可能怕孩子染上说谎的恶习，因此很着急。其实，这是三四岁孩子特有的现象。儿童撒谎有很多原因，我们需要分清情况，然后才能对症下"药"。

孩子在 3 岁时思维是比较简单的，这时的他们道德认知不足，会在"无意"中"说谎"。因为这一时期的孩子，由于年龄的关系，对事物反应的精确性较差。此外，孩子感受器官的发育还不协调，不完善，又缺乏生活经验，对事物的反应容易走形。比如，他们会把圆的说成方的，会把红的说成绿的，这些情况都是正常的。因为 3 岁的孩子尚缺乏概括能力、表达能力以及对事物的认知能力。在这种情况下，孩子会无意识地撒谎。

此外，3 岁孩子的心理活动和思维发展不够完善，因此有时会把想象和实际混为一谈，说一些与事实不符的话。他们经常根据自己的愿望去想象，往往会即兴、随意地把自己听到的故事、看到的事物经过自己的想象加工后套用到现实的人或事上去，出现没有逻辑、不真实的"谎话"。

3 岁孩子的想象就是这样，既容易与现实混淆，也容易脱离现实。父母不必大惊小怪，这些都是儿童认知发展阶段出现的正常现象，不能认为孩子是在说谎。

孩子到了 3 岁时已经有了自己的想法，有时会有意地撒谎。比如，明明是他撞倒的杯子，可他却说是爸爸弄的；明明是他打翻了花盆，他却说是家里的小花猫碰的。还有一些孩子希望在父母那里得到夸奖，所以会说一些假话。虽然这种说谎只是暂时的，也不会造成什么严重后果，但是你要注意这种苗头。

可以说，3 岁的孩子"撒谎"的原因有很多，但是这种"撒谎"与大人心目中的道德欠缺不能一概而论。儿童心理学家研究发现：儿童直到七八岁，都不能完全陈述事实。他们并非想欺骗谁，而是有时候并不知道自己在做什么，他们只是根据自己的需要而扭曲现实。

当发现孩子"撒谎"时，建议父母不要去指责孩子，因为这样会给幼小的孩子贴上沉重的标签！

2. 针对问题的核心加以引导，而不是质问孩子

当孩子说谎时，你最不应该做的是质问孩子为何说谎，而是要了解他说谎的真实动机。知道孩子说谎的原因后，最不应该做的是批评和责罚，而是对你的孩子说明道理，针对问题的核心加以引导。

当妈妈发现儿子的书包里有一本画册时，就问儿子："这本画册是从哪儿来的？"儿子小声说："是幼儿园的小朋友给我的。"看着儿子闪烁的眼神，妈妈有点怀疑，于是蹲了下来，轻轻握住儿子的小手，温和地说："宝贝，看着妈妈的眼睛，告诉妈妈实话，这本画册是不是你的，你告诉妈妈，妈妈不会怪你的。"

儿子看着妈妈的表情，终于承认因为喜欢这个画册，就从幼儿园偷偷拿回来了。这时，妈妈把儿子搂在怀里，说："我很高兴你对妈妈说了实话。喜欢幼儿园的画册是可以的，但是你要经过老师的同意才可以拿回来，如果你的老师找不到画册，一定很着急，你说，是不是？"儿子不好意思地点点头。

第二天，妈妈带着儿子把画册交给了老师，儿子还答应以后帮老师管理班上的画册，老师夸奖他是个懂事的孩子。

儿子承认了错误后，这位聪明的妈妈做了非常正确的处理。

妈妈没有质问孩子为什么说谎。

妈妈对孩子说真话积极回应。

对孩子做错事和说谎的动机，妈妈表示理解，并引导孩子做出正确的处理。

妈妈还启发孩子用实际行动来弥补自己的过失。

当你的孩子说谎时，你应该这样做。

当孩子说谎之后，你不应该责备、打骂，而是要先听听他们的理由，很

多时候孩子撒谎是有一定原因的。

帮助你的孩子认识到说谎的坏处：说谎是一种不好的行为，大家都不喜欢。

如果你的孩子是为了掩饰自己的过失而说谎，要向他强调：做错了事是可以得到大家的原谅的，但说谎是不好的，是大家讨厌的。

当孩子说谎时，你可以给孩子讲些因为不诚实而承受苦果的故事，如《狼来了》《木偶匹诺曹》的故事等，让孩子知道说谎会带来意想不到的后果，使孩子的心中形成一种畏惧。

当对撒谎的孩子进行惩罚时，要明确告诉他，之所以要惩罚他，是因为他的撒谎行为，并告诉他犯错是难免的，犯错应该改正，而撒谎是绝对不允许的。

孩子的模仿能力很强，父母说句谎话，会认为算不了什么，但可能就会成为孩子撒谎的样板。因此，父母应以身作则，平时应谨言慎行，做好孩子的表率。

作为孩子的第一任老师，父母的表率作用是很重要的。只要父母注意自己的言行对孩子的影响，在各个方面严格要求孩子，及时进行教育和引导，就可以帮助孩子改掉说谎的毛病。

五、太害羞：不爱在别人面前说话

1. 3岁的孩子不会表达

两三岁是孩子害羞的敏感期，这是他们成长的必经阶段。这时的孩子对别人的意见、对别人情感的反应敏感性增强。当他做错事受到家人或老师的批评时，会感到害羞、难为情。在羞耻感的体验和表现上，女孩子要比男孩子更为明显。羞耻感的出现，也为孩子自觉遵守集体规则提供了动力和基础。

尽管每个孩子都会经历害羞敏感期，但是也有少部分孩子过于害羞，影响了人际交往，这是应该及时纠正的。这样的孩子只要一到公众场合或陌生的场合，就感到浑身不自在、说话结巴、面红耳赤，完全不会表达自己的想法，并且在各种活动中畏缩不前，不敢与人竞争。

> 3岁的玲玲是一个害羞的孩子，平时不擅长表达自己。每当家里来了客人时，她就不敢在众人面前说话，总是躲在自己的小屋里不出来。在与陌生人交往时，她更会感到害羞和胆怯，经常是脸发红、心跳加快、说话发颤、手脚不知往哪儿放好。马上要上幼儿园了，看到玲玲这样，妈妈十分着急。

像玲玲这样不敢表达的孩子在生活中很多见。本来3岁是孩子的害羞敏感期，再加上孩子天生内向，所以这种害羞感表现得可能会更强烈一些。

如果你的孩子在人前不善于表达自己，你一定不要训斥和批评他们，也不要认为孩子没出息。最好的策略是多鼓励，多引导孩子参加一些集体活动。比如，平时多鼓励孩子与小朋友一起玩；家里来了客人可试着让孩子接待，做一些力所能及的招待活动，为客人送茶水、送水果、搬椅子；多督促孩子参加幼儿班里的一些讨论或活动等。

增强孩子的自信心是让他克服害羞的好方法。如果你的孩子一直害怕说话，不敢表达自己的想法，你可以告诉孩子不要过于紧张，也不要担心自己会说错话，就算说错了也没有什么关系的。一般来说，3岁的孩子，很多事情上都需要父母的帮助。而他做了充满自信或者勇敢的举动后，父母的欣赏表扬就是对他最大的鼓励。

你平时还要多与孩子交谈。再忙的父母都需要拿出一些时间来陪孩子，与你的孩子共同游戏或让他参与家务劳动，从中创造交谈的机会。谈话的主题可以联系孩子在幼儿园的生活。比如，可以问他："宝贝，你今天在幼儿园画了哪些画？""你今天又和谁交朋友了？"等等。

任何时候都不要给孩子贴上害羞的标签。"你怎么那么害羞啊""一见生人就不会说话，真是笨死了"。或者经常当着孩子的面对别人说："瞧瞧，我的孩子就这么害羞。"这很容易将"我是害羞的"的意识植入孩子的内心，让他认为自己就是这个样子，以后会利用这个借口来逃避不喜欢的人，那时的害羞就成了孩子一种有意识的行为。

2. 太依赖妈妈

孩子到了3岁时仍然十分依恋妈妈，尤其需要妈妈的微笑、拥抱和抚摸。这样的孩子依恋性是很强的。当他上幼儿园时，也会找一位温和的老师作为依赖对象。此时的孩子能敏感地感受到老师对他的关注程度，他会说"××老师喜欢我，××老师不喜欢我"。

过分依赖妈妈的孩子在现实生活中更容易害羞。很多妈妈孩子3岁了，还舍不得放手，不让孩子去独立，这种过分保护使孩子长期禁锢在妈妈身边，回避外界环境的刺激，会加重孩子对妈妈的依赖。这样的孩子很难适应外界环境，一到了外面就会变得害羞起来，因为他不知道如何应对。

因此，当你的孩子有了某种独立性倾向时，你应该保护他的这种独立意识，及时给予引导和鼓励。千万不要因孩子年龄小，能力弱，凡事就要包办代替，这样只会加重孩子的依赖心理。平时应该多鼓励孩子自己学习吃饭、喝水，独自取放玩具，帮助妈妈做力所能及的家务等。父母应用其能理解的方式及时给予肯定和表扬，可以多拥抱，多夸赞你的孩子，以此激励孩子大胆独立地去探索，而不是不敢面对外面的世界。

有一些存在分离恐惧的孩子会有一个固定的依赖对象，这个对象通常是妈妈。如果妈妈离开了房间，尽管此时爸爸还在身边，但孩子还是会哭着喊叫"我要妈妈"。孩子通常决定由妈妈来为他脱衣服洗澡，由妈妈来喂饭，由妈妈陪着上床睡觉。如果不是妈妈去做这些事，孩子就会哭得异常伤心。

改变这种现象的方法是，如果能找到一个值得信任的人，比如爸爸或可依赖的其他家庭成员，那么就算孩子会大哭大叫，妈妈也要狠下心来，把他托付给这些家庭成员。虽然分离对孩子来说是一件痛苦的事，但每一次孩子都会得到这样的信息——妈妈会回来的。孩子会逐渐不再害怕分离，也能逐渐适应其他人的照顾。这对提高孩子的外界适应能力是很有帮助的。

第九章

爱他，就要了解他：
与3岁孩子相处的技巧

3岁的孩子常让父母不知所措。无论孩子表现得缩手缩脚，还是对别人有攻击行为，都会令父母担心。尽管好话说了一箩筐，孩子还是会对父母说"不"，种种逆反表现让人头疼。其实，不用着急，只要父母掌握了一些技巧，孩子有一天会把你感动得热泪盈眶。

一、3 岁孩子眼里的爸爸妈妈

1. 爸爸的困惑：为什么我不如他妈妈讨他喜欢

平时对孩子教育严格的爸爸常在私下里谈到自己的孩子，这些"可怜"的爸爸们常会不约而同地发出这样的感叹："为什么我不像他妈妈那么讨他喜欢？"也许，这些爸爸该从自己身上找一找原因。你的孩子可能更喜欢温柔式的感情，再加上孩子对婴儿时代还怀着很深的眷恋，所以他们更喜欢妈妈，而轻易不愿意接近外表严肃的爸爸。

有人说过：一个父亲胜过一百个教师。父亲在家庭中担当了很重要的角色，但是现实中，大多数父亲也只是在孩子 3 岁之前是成功的。孩子一两岁的时候，父亲也更像是个孩子，会和孩子无拘无束地一起玩耍。

孩子到了 3 岁时，爸爸把他们视为大孩子，有的爸爸希望孩子对自己要有敬畏心，尤其是对男孩要求越来越严格。尽管很多爸爸此时还能和孩子玩在一起，但有的时候却喧宾夺主了。

比如，当看到孩子怎么也不能把游戏拼图拼对时，爸爸会自告奋勇地说："你这样怎么行，让爸爸来吧！"当他拿着自己的成果向孩子炫耀的同时，也剥夺了孩子自身的成就感和满足感。此时的孩子对爸爸多了一分敬畏，而不是好感。因此，只要爸爸能尊重孩子的感情，和孩子建立亲密的、平等的、建设性的亲子关系，也能像妈妈那样讨孩子欢心。

你不仅要做一个温柔的爸爸，还要做一个会玩的爸爸。玩是孩子的天性，孩子会在玩耍中获得成功经验和满足感。作为爸爸应该放下架子，和孩子一起玩，一起乐，一起"疯"，能进入孩子的想象空间，与他一起在游戏里陶醉。比如，可以陪孩子玩遥控车、做手工、搭积木……在这些活动中，作为爸爸要不断地调整自己的心态，培养自己的兴趣，并不是迁就孩子，而是同孩子一起享受玩的乐趣。如果是无奈地陪孩子玩，只会让孩子觉得无趣。

此外，爸爸还应该是个可以依赖的人。当孩子惧怕医生打针或有凶猛的大狗要接近他时，你应该及时地出现在孩子身边，因为爸爸是勇敢的男人，要比妈妈更能给孩子安全感。

2. 妈妈要为 3 岁的孩子树立榜样

尽管妈妈这个角色天然地很讨孩子的喜欢，但多数妈妈也要为此付出更多的辛苦，甚至为此疲惫不堪。当孩子长到 3 岁时，对妈妈更加依赖了。

当你的孩子不断找你撒娇，时刻纠缠你时，你不妨陪他玩婴儿时期的游戏，并告诉他："你小时候就是这样。"偶尔让孩子重温这种在现今生活中已不多见的亲昵游戏，可以帮助孩子领悟自己已经长大了的事实。

当然，在平时，最重要的是必须同孩子保持一定的距离。如果你仍像他一两岁时那样一刻不离地照顾着他，那么你的孩子就很难真正长大，这种情况，几乎会影响他一生。

让孩子与你保持某种距离，让他去接近更多的小伙伴，这是妈妈此时最应该做的。即使你每天都被同类事情困扰着，你也决不能因此而让你的孩子远离朋友，因为与朋友共同体验团体生活是很重要的。

孩子是在和妈妈交谈之中学习语言的，妈妈的日常行为神态礼仪等都会影响到孩子，所以母亲应该做个好榜样。

3 岁正是孩子语言爆发的时期，他们常常喜欢跟在妈妈的身后，左一个为什么，右一个为什么，这让有些妈妈感觉很烦。心理学相关研究表明，提出问题是思维活动的起点。好奇、好问、不满足一知半解，是一种非常可贵的思维方式。因此，这时你决不能表现出反感，而应该认真回答孩子的每一个问题。

回答孩子提出的问题，先表扬孩子肯动脑筋。如果你只是敷衍了事或粗暴制止，会扼杀孩子的学习积极性，孩子会因为惧怕责骂而不敢再提问题、不爱思考。

回答问题时，多启发孩子自己先想一想。如果问题太难，可以直接把答案告诉孩子；如果不太难，就鼓励孩子独立观察思考。

自己不知道的，不要不懂装懂，含糊其辞。可以对孩子说"这个问题我现在无法回答，我们一起去探寻答案吧"，从而激励孩子好好学习。

妈妈也要给孩子一些独处的时间，让孩子能集中精神，认真思考，学会忍耐，并从中得到满足。当然，果真失去被需要的感觉时，有的妈妈又会彷徨起来，她会希望孩子像以前一样黏着自己。在孩子自己学着走路、吃东西、玩游戏的时候，有的妈妈会控制不住自己，迫切地想要帮助孩子。这时，你必须"狠心"一点，那样，你才能不阻碍孩子走向独立。

更多 3 岁的孩子一旦发现妈妈从视野中消失，会变得非常担心、恐惧。妈妈可以通过游戏告诉他看不见的事物仍然存在，你会永远守护着他，从而解除孩子的不安全感。

3. 如果孩子只想与爸爸或妈妈中的一个人要好时

随着现代家庭教育变得越来越科学，更多的家庭也变得更温馨和谐，孩子和父母也都相处得很好，但这时新的问题又会出现了。当孩子到了 3 岁时，他开始喜欢在爸爸和妈妈之间"插足"了，他会努力想使爸爸或妈妈只跟自己要好。

为什么会这样呢？随着孩子渐渐长大，他会从"分享式的爱"转向"独占式的爱"。也就是说，孩子既学会了爱他的父母，也学会要与爸爸、妈妈分别建立一个独立的关系。这时候，如果父母有一方力量不够强大，比如是爸爸不够强大，就无法参与到母子紧密的关系中，也会导致母子之间的情感过于纠结。

孩子是很难接受自己被排除在父母关系之外的。只要父母关系出现缝隙，孩子就会"见缝插针"。比较初级的做法是，当父母在一起的时候，孩子会挤到中间把两人分开，并向一方喊道："爸爸，你走开！不准跟妈妈讲话！"或者说，"爸爸，你来陪我玩嘛！我不想和妈妈玩。"

再严重一点的做法是，和父母中的一个"结盟"，有时候甚至无意中也会两边做点儿"挑拨"。通常，对男孩来说，爸爸是其强有力的竞争对手，而妈妈是他撒娇、依赖的对象，他会向妈妈示好。对他来说，妈妈是世界上最好的陪伴者。这时的男孩就会排斥爸爸，期望独占妈妈，对爸爸产生嫉妒心理；当妈妈对爸爸较为亲热时，他就会发脾气，甚至对爸爸抱有敌意。

对女孩来说，爸爸是自己的主心骨。她会跟爸爸撒娇，以争取爸爸的好感，甚至她还会与妈妈竞争，期望从爸爸那里获得更多的特权。爸爸虽然发觉了女儿的这种情感，但却抱着不愿承认的态度。于是，爸爸大都以"不要吵我"为理由逃避女孩的纠缠，认为 3 岁的女儿是烦人的。这种做法其实是不可取的。

不管你的孩子对哪一方好，这些都不能成为我们内心不安的因素。因为 3 岁的孩子多少都会对爸爸或妈妈中的一方表现出较强烈的爱意。但是有两件重要的事情父母要多注意。

第一件事：对异性子女的好意，父母都应以良好的态度温柔地接受，不能选择逃避，但也不能过于溺爱。孩子会根据父亲或母亲来塑造他（她）对异性的理想形象。这个形象也可能会成为他（她）日后评判异性的尺度。

第二件事：父母应该向孩子说明，在他（她）出生之前，爸爸跟妈妈就非常幸福地生活在一起了。他（她）是爸爸和妈妈的孩子，所以爸爸妈妈都很疼爱他（她）。虽然孩子可能会有点失落，但是父母的爱很快就会填满他（她）的心灵。

比如，3 岁孩子想吃糖果，但是妈妈拒绝了，不再给他，孩子就跑到爸爸那里去索取。当爸爸为难地说"你妈妈不同意"时，孩子可能会一脸严肃地说："你是一个男子汉，怎么能听女生的呢？"这时爸爸可以对孩子说："因为妈妈说得有道理，这么晚了我们不能再吃糖果了。"而受"挑拨"的妈妈也不会因为孩子的言行而轻视他。爸爸和妈妈这样互相配合，孩子也将在这些互动中学会情感的分享。

二、3岁孩子的需求

1. 伙伴

对于现代的孩子来说，他们的生活是幸福的，但同时又是孤独的。幸福，是因为现在生活条件好了；孤独，是因为现在的孩子缺少玩伴，过去家长可以放心地让孩子自己外出找小伙伴，但是现代的生活环境存在诸多不安全的因素，使得外面可供孩子玩耍的空间越来越小了。在高楼大厦不断增多的同时，人与人之间的交往关系也冷漠了，这令更多的孩子只能选择待在家里。独生子女的家庭中，孩子只能一个人在家里玩，孤独是在所难免的。

在没有去幼儿园时，有的父母想让自己的孩子不孤独，就会想尽各种办法，费尽苦心为孩子买来各种玩具，可事实上对于3岁的孩子来说，玩具已经没有多大的吸引力了。因为这时孩子的独立性已经大大增强了，他变得更喜欢和小朋友在一起玩。

因此，对3岁的孩子来讲，最高兴的事莫过于同小伙伴一起玩，小伙伴要比玩具更重要。一个3岁半的小男孩有着满满两柜子的玩具，可他却说"儿童节的心愿是想好好和小伙伴玩"。因此，父母要做的事情不是给孩子买什么样的玩具，而是给孩子找到可以玩到一起的小伙伴。只要有伙伴，就是一张纸片也能变成他们的玩具。

与小伙伴在一起时，孩子可以体验到有别于父母及其他成人之间的人际关系。在同小伙伴一起游戏的过程中，孩子的知识、想象力和各种社会能力都得到较充分的发展。这种在小伙伴帮助下的自主活动能使孩子认识到自我的存在。在这段时间里，父母应为孩子创造同众多的小伙伴相互接触的机会，这对他的心理发展是非常重要的。

2. 自由

3岁的孩子已经变得很独立了，能做很多事情。这时他们开始主动探索周围的环境，产生了自主的欲求，很多事情都想自己动手。

这时的孩子不喜欢被父母或老师人为地规定，渴望自己选择不同的事物和行动。这种自由选择，使我们能看到他们的心理需求和倾向。只要有机会，而且父母不会去干涉他们，他们就会选择一些自己偏爱的东西，哪怕只是一把小尺子，他们也会玩得不亦乐乎。

吉吉是一个3岁的孩子，妈妈总是买许多机器人玩具给他。但其实他感兴趣的是积木，而妈妈却认为积木太死板，不适合男孩子玩。结果，吉吉面对一大堆小机器人总是只有三分钟热情，还时不时地发呆，一句话都不说。

看着吉吉整天闷闷不乐的样子，妈妈便来请教亲子教育专家。专家建议妈妈让吉吉按照自己的心愿去做事或者玩耍。没过多久，妈妈发现吉吉比原来机灵、活泼多了，而且他手中的积木总是像变魔术一样，能摆出各种各样超出妈妈想象的东西。

孩子一出生时，就具备了探索周围世界的潜能，他们对所有细小的事物感兴趣，充满好奇心。当孩子迸发学习的热情时，不仅对秩序、重复训练非常着迷，而且他们还有一种自由选择的需求。

有些孩子在家里，对一切事情都没有做主的权利，一切都是父母说了算。由于处处受到限制，他们便再没有自己动手的机会，也就没有了体验自己能力的机会，这不仅会削弱孩子的自主性，对孩子自信心的建立也是不利的。因此父母应该给予孩子充分发展潜力的自由，充分认知的自由。有了这种自由，孩子才能够最大限度地探索事物的规律，才能够去认知和理解周围世界。

让孩子们自由地做一些选择，是培养他们形成乐观性格的一个重要方面。父母要注意多给予孩子机会。比如，让孩子自己选择衣服的颜色、玩具的种类等；给孩子提供自由活动的空间，尽量减少家庭环境中的危险设备，同时教育孩子如何规避危险。

3岁的孩子尤其喜欢亲自尝试做一些事情，他们看到某些新奇的东西总要摸一摸，摔一摔，想看看内部构造。这时父母不要责骂孩子，要先对孩子做出这种行为的目的进行询问，了解孩子的动机、想法，给孩子提供相应的帮助和支持。

父母应该意识到不可轻易去干涉孩子的选择，不要总是以为自己的安排就是恰到好处的，其实孩子对于自己感兴趣的事情会不厌其烦地花费精力去做。如果给孩子不喜欢的东西，那只能给他们增加不必要的精神负担，他们也得不到快乐。

当然，让孩子自由选择，并不意味着他们可以选择任何自己想做的事情，而是引导他选择做正确的事情。

3. 更多的爱

3岁是孩子性格形成的关键期，他们既具备了独立意识，同时又有了自己的情感需求，需要父母的爱和保护，并容易被父母的态度所影响。如果父母总是充满爱心和激情地去关注和爱护孩子，孩子长大后就容易乐观开朗，反之，那些童年时缺少爱的孩子在成年后往往会孤独与自闭。

心理学上有一个精彩的比喻：孩子的这颗心，在刚来到这个世界上时，如同一个空的容器，需要用爱和认同装满，它才会强健，才能抵御外界的风风雨雨，并敢于向外界敞开。否则，任何一点风吹草动都会让他把自己的心关闭起来。所以，这个时候我们的任务就是要给孩子愉悦的爱，父母愉悦的关爱是送给孩子最好的礼物。

当父母和孩子在一起的时候，尽量要愉快、平和，可以给孩子讲故事、讲笑话，或者听他说故事，尽管他还不能完全表达准确，但这时也不能吝惜你的赞赏。此外，这种关爱还意味着你要以尊重的态度对待孩子，不能因为一点小事而过分苛求他，更不能随意斥责他。相反，父母的尊重和优雅的风度都会让孩子更开心地成长。

孩子需要父母的爱，被关爱和接纳孩子才会有安全感与价值感。父母在对孩子示爱时，除了使孩子体验到被爱的满足感之外，也要使孩子知道因为什么事而被爱，从而学到是非观念。一定要把你的爱表达得更具体、更细化一些，比如，做一个喜爱的表情，给孩子一个真诚的拥抱，为孩子取得某些成就而感到高兴。还有，当孩子受到伤害或者感到害怕时，父母更要对他表示出关心安慰……这些都有利于3岁的孩子更好地成长。

在孩子的教养过程中，鼓励的重要性要远远大过其他方面，因为缺乏鼓励是造成孩子偏差行为的基本原因。所以说，有偏差行为的孩子也是一个受挫折的孩子。每一个孩子都需要不断地得到鼓励，就好像花儿需要水一样。如果没有足够的鼓励，你的孩子将无法健康地成长和发展，也无法获得归属感。当然，鼓励是一个持续的过程，它强调给予孩子一种自我尊重和成就感。

情感的建立会形成一种无声的教育动力，情感沟通过程也是相互影响、相互作用的过程。你的心里有了孩子，孩子就愿意和你在一起，就会产生亲切感。这是一种非常好的良性互动。

三、与3岁孩子相处的十大技巧

1. 多花些时间陪伴孩子

美国某权威周刊曾做过一项调查，他们请世界500强企业退休的董事长们填写一份问卷。问卷中有这样一个问题：如果人生可以重来，你认为什么是你绝对不能错过的？其中前10大企业的老板对这个问题都有相同的回答：一定不放弃陪伴孩子一起成长。

随着社会的发展越来越快，很多父母在赚取大量金钱的同时，也占用了自己更多的时间，他们无暇顾及孩子，更别说给孩子更多的爱了。当这些父母终于有一天想好好关心孩子的时候，发现竟然无法与孩子进行沟通。多赚些钱给你的孩子提供丰富的物质条件，这本是无可厚非的，但是相比孩子的情感需求来说，这些是无足轻重的。你要记住，多花一些时间陪陪孩子，才是给孩子最好的礼物。

如果没有特殊情况，最好多和你的孩子在一起。你是孩子最早的老师，是孩子智力和创造力开发的启蒙者，你给孩子带来的欢乐是任何人都无法替代的。

当孩子有问题需要解答，有困难需要帮助，或者感到孤独时，他最需要父母的关爱。实际上，孩子对你并没有太过分的要求，只是想让你多陪他一会儿，这个要求合理且正常，也能让你从忙碌的事务中解脱出来，放松一下。

让孩子觉得自己很重要，并且能让他融入生活中的最好方式，就是让孩子参与一家人的共同活动。大部分的孩子特别是在他们3岁刚懂事时，会希望成为父母日常活动的一部分。当做一些家务活时，让孩子适当地参与进来，尽管他有时可能会"帮倒忙"，但是还有什么比他们从中获得的快乐更重要的呢？

那些自认为很忙碌的父母们，请试着把你的工作和家庭生活分开来。即使回到家里想再工作一会儿，但等了你一天的孩子也会时不时地来"打扰"你一下，你是无法全身心投入工作的，这时为什么不来关注一下你的孩子呢？如果你此时还是硬着头皮把孩子晾在一边，孩子会觉得非常沮丧。因此，在每次下班前，一定要尽量高效完成当天的工作，晚上回到家里，就不要再打开你的公文包。

有一位聪明的日本爸爸是这样来解决这个问题的：在备忘录上，他把与孩子相处的时间永远排在最优先的位置，把家庭时间也排在工作日志上，就好像安排自己的工作例会一样。

陪伴你的孩子，不仅仅是与孩子待在一起那么简单，更要主动与孩子进行沟通，让孩子感觉到大人是在用心地陪伴着他，而不是"人在心不在"。家长陪伴孩子，关键的不是次数多少、时间长短的问题，而是爱的质量。即使你只和孩子在一起几分钟的时间，但只要专心致志，也能让孩子感觉到你对他的真实情感和关爱。

2. 用适合孩子的方式去了解孩子、爱孩子

如果你总把自己的意愿强加给孩子，是很难和他长久地和谐相处的。对于你的孩子，你用适合他的方式去了解他、爱他，才是他最需要的。

孩子是一本无字书，父母也一样，而且是一本更厚、内容更丰富的书，两代人需要相互阅读、相互理解，由此才能达到真正的平等。

选择适合孩子的方式去爱孩子是对孩子最好的尊重。情感的发展是互动的，我们了解孩子、尊重孩子，反过来孩子就会尊重我们。

尊重是建立和谐亲子关系的基石。苏联著名教育家苏霍姆林斯基说："儿童的自尊心是最敏感的，我们要像保护荷叶上的露珠一样珍视它。"

尽管 3 岁的孩子在父母眼中还是很小，但他已经有了独立的意识，你应该给孩子更多的选择自由，而不是过多地干涉他的选择。

3 岁的孩子对周围的一切都感觉很新鲜，也很乐于探索。父母应该让孩子自由发展，而不是给孩子太多的限制。只要孩子不伤害自己，不伤害别人，那么孩子就应该获得更多的自由空间，父母应该让孩子按自己的方式去玩耍。当然，这个自由的空间也是相对的，因为你的孩子现在还不知道哪些是安全的，哪些是危险的。你要给孩子讲清楚哪些事能做，哪些事不能做，以及原因。

当孩子做一件事时，父母尽量把选择的权利交给他，让他自己做决定。你可以对孩子说："这是你自己的事，你应该自己来拿主意。"比如，天气变冷了，你不应只顾给孩子添加衣服，可以先问问孩子："今天天气很冷，你觉得应该穿什么衣服呢？"如此坚持下去，孩子就会开动自己的小脑袋，增强自我决定的意识。

3. 不要刻意去修正孩子的个性

苏联教育学家阿赞罗夫在《少年的家庭教育》一书中写道："孩子个性的形成使我联想起春天飞翔的鸟儿，它好像已经知道往哪里飞，又好像不知去向，一会儿高高飞翔，接着像石头往下掉似的向下俯冲，在云层下飞驰而去，集自由、力量、毅力于一身，令人惊讶。"由此可见，个性对于孩子的发展有着至关重要的作用。

3 岁是孩子个性形成的最初阶段，这个阶段的孩子可塑性强，爱模仿、易接受外界的各种信息。有的父母开始在孩子 3 岁时处处修正孩子的个性，其实这是不对的，而且过分的纠正还可能致使孩子变得没有个性。

3 岁的小男孩林林在妈妈的陪伴下，在滑梯上玩得不亦乐乎。这时，有一个比林林高的小朋友过来了。他看中了林林手里的玩具汽车，霸道地伸手过去："把这个给我，我要玩！"林林愣了一下，虽然不情愿，但还是乖乖地给了他。

过了一会儿，又有一个小朋友来了。但这个小朋友显然不想让林林和他一起玩滑梯，便一把将林林推开。林林愣住了，看了一眼妈妈，然后大哭起来。这时，那个小朋友的妈妈马上跑了过来，安慰林林："小朋友是乖宝宝，不哭不哭。"林林听到了赞扬，也就不再哭了。

周围很多家长对林林的妈妈发出赞叹："真是乖巧的孩子，多让人省心啊！"可是在妈妈看来，却别有一番滋味在心头：自己为了教育出一个满分宝宝买了很多幼教书，不想让孩子做个霸道和任性的孩子，因此时常教育孩子要做个乖宝宝，懂礼貌……可是，现在呢？自己却把孩子培养成了一个软弱、不懂得保护自己的乖宝宝。

在3岁幼儿时期，孩子的社交活动是以和小朋友的交往为主，这时父母千万不要刻意去干扰孩子性格的养成。因为你的孩子会根据环境的需要自己调整，尤其是通过外界的人际环境来调整自己的性格，使自己符合人际交往需要。

这个时期的孩子经常给人以非常没有主见的感觉，他的表达常常因为受到外界环境的暗示而改变。比如，同样一件事，你问孩子"是不是"，开始孩子的回答可能会说"是"，但如果你再次问他"是，还是不是"时，他的回答往往就会变成了"不是"。

为了避免孩子真的形成"没有主见"的性格，父母千万不能总是拿孩子的这一特点来开玩笑。你的那些"你喜欢爸爸还是喜欢妈妈""你喜欢奶奶还是喜欢姥姥"等无聊的问题，不仅会使你的孩子变得更困惑，还会让孩子的主见一点点消失。

4. 当孩子不安时，父母要温柔应对

相比2岁半时的动辄哭闹来说，孩子到了3岁的时候，会突然变得安静下来。这个年龄段的孩子笑的时候要比哭的时候多，对父母提出的要求也比

以前更容易接受。但是好景不长，到了 3 岁半的时候，孩子又会变成另外的模样。

3 岁半的孩子内向、焦虑、缺乏安全感，同时自我意识又极强。因为缺乏安全感，他们会对很多事物感到害怕，其中最具代表性的就是黑暗、凶猛的动物以及与最亲密的人分离。有时他们甚至会在生理上也表现出不安全感，比如口吃、摔跟头，有时紧张得发抖。男孩的恋母情结也会在这个时候出现。

可能孩子在 3 岁之初只要凭借为人父母的热诚、耐心、爱心和普通的常识，就能顺利地度过这段日子。但是一旦到了 3 岁半，就不是这样了，父母一定要格外小心。虽然会有不愉快的事情发生，但一定要明白，孩子并不是你的敌人，他不是故意要那么做，而是生理发展、身体机能运行的正常表现，他没有办法控制。因此，父母得多帮助他。

在这个阶段，如果孩子因为害怕、恐惧而产生不安，那么你就要用轻柔的话语来舒缓他的这些情绪；如果孩子不敢一个人在卧室里玩，你就要留下来陪着他；如果孩子不敢主动去和小伙伴一起玩，你就可以拉着他的手陪他一起去。

千万不要对你的孩子说不该说的话，比如，"你就是个胆小鬼！""再不乖，给你两巴掌！""不听话，我就不要你了！"很多父母都说过类似的话，别小看这几句话，其实这会让你的孩子的内心更加不安。如果无意中说了，要及时解释。

你还要在每天晚上睡觉前多陪陪孩子，比如，给孩子讲故事，或者给孩子一个吻。父母平和而充满爱意的动作和声音是对孩子焦虑不安情绪最好的抚慰。

5. 尊重孩子的朋友圈

3 ~ 4 岁是孩子人际智能的形成阶段，这时的孩子开始想要独立，想和别人分享玩具和其他东西，一起玩时又经常充满敌意，把自己的意愿强加于人，同时他的领导气质也会显露。这个时期，孩子喜欢与比自己大的小朋友一起玩，会玩有想象力的游戏，且玩的时间比较长，还喜欢玩新奇的游戏，尤其是和成年人一起玩。

在孩子同其他小朋友一起游戏的过程中，他的知识、想象力和各种社会能力都能得到较充分的发展。这种在伙伴帮助下的自主活动能使幼儿认识到自我的存在。因此，在这段时间里，父母应多为孩子创造同众多的小朋友相互接触的机会，并尊重孩子的朋友圈。

孩子到了 3 岁半左右，"朋友"的意义对他来说非常重大。当他结交到玩伴并和对方建立友谊时，他会很重视这个朋友，而这种友谊在这段时期也是比较稳定的。大家都有相同的爱好和兴趣，所以更容易玩到一起。

所以，父母应该大力支持孩子与别的小朋友交往。对孩子的朋友，就更要以礼相待。父母以礼待人，也能让孩子学到基本的礼节。此外，父母还可以加入孩子们的活动中去，并配合他们一起完成一些有意思的游戏。

孩子的世界，有属于他们自己的行为和思维，父母不要因为觉得奇怪就加以干涉，将大人世界的模式和规则强加到孩子身上，而是要理解孩子的行为，并积极配合，尊重、肯定孩子。

6. "蹲下来"和孩子沟通

请想象这样一个场景：你的 3 岁孩子将玩具弄得满地都是，你想要孩子自己将玩具整理好。此时如果你一手叉着腰，一手指着地上的玩具，并不耐烦地对孩子说："你快点把这些玩具收起来，你看看家里都乱成什么样了！"

这时，你的孩子会是什么反应呢？有的孩子可能会表现为害怕，觉得自己犯了错，不知所措，即使孩子听从了你的命令，心里也会感到委屈，不愿意；而有的孩子可能会更加逆反，因为你居高临下的姿态给孩子造成一种强势的感觉，孩子根本不喜欢你的这种带有一定强制性、命令性的教导方式。

如果你换一种方式与孩子沟通，效果又会如何呢？首先，你蹲下来，和孩子保持平视，孩子就不会感到有种被威胁的感觉了；然后一边说"宝宝，我们一起把玩具收好，让家里变得更整洁，好不好"，一边捡起一件玩具放进盒子里。你的孩子看到你这么做了，他也会跟着模仿你的动作，把玩具放进盒子。

　　澳大利亚的很多父母都有蹲着和孩子说话的习惯。有这样一个来自澳大利亚的家庭，父母带着一对可爱的儿女去公园玩。因为他们在分配玩具时出了一点小小的意外，所以 3 岁的儿子总是想抢姐姐的玩具。于是，爸爸蹲了下来，双手握住儿子的双手，诚恳地说道："亲爱的，这个布娃娃是姐姐的，你不要拿姐姐的玩具好不好？"儿子看着爸爸充满期望和鼓励的眼神，乖乖地点了点头，然后主动将玩具还给姐姐。

　　越是平等民主的家庭，教育出来的孩子就越开朗自信。如果父母都不尊重自己的孩子，又怎么能指望孩子成为一个自尊、自爱的人呢？

　　如果你总是站着面对孩子，你与孩子之间就不仅仅是身高上的距离，而是两代人之间不可逾越的距离，是两颗心之间不能沟通的距离。蹲下来，从与孩子平等的高度体会孩子的心情。当你从孩子的高度看待某些问题时，你的想法也许会改变，并会同意孩子的想法，满足他的需求。

　　当孩子做错事情时，你蹲下来询问事情的来龙去脉，坦诚相对，帮助孩子认真对待自己的问题或缺点，改正错误。当孩子遇到困难时，你蹲下来和孩子一起讨论解决的方法。这样孩子就能更清楚地感受到父母对自己的关爱、支持和信任，从而增强面对困难的勇气。当孩子获得成功时，蹲下来摸摸他的小脸，对他竖起大拇指，说句表扬的话："宝贝，这件事你做得太好了！"孩子会从父母的目光、话语中得到肯定与鼓励，以后会做得更好。

　　父母和孩子交流时，不仅身体要蹲下来，心灵也应该"蹲下来"，将自己的心放到和孩子同一高度上。不能只讲求形式，仅仅身体蹲下来，心理上却还保持着父母的权威和优势。只有身体和心灵同时"蹲下来"，孩子才会感受到父母的诚意，愿意将自己的快乐和困惑与父母交流。

7. 接纳孩子的感受

当孩子发脾气哭闹的时候，很多父母会大声吼道："不准再哭！""你看你现在的样子，简直是难看死了！"或者以抛弃相威胁："如果你再哭，我就不要你了！"父母这样做，虽然可能会使孩子即刻停止了哭闹，但同时，一种不被理解和接纳的负面情绪，会连同刚才没有得到疏导的情绪一同积压在孩子的心里。

如果父母想获得孩子的理解并让他感受到自己的爱，那么就必须要接纳他的情绪，包括负面情绪。3 岁孩子的年纪尚小，无法要求他自己解决情绪问题，对于孩子的情绪和感受，父母应该无条件地接纳与包容。这也是父母和孩子相处融洽的关键。

成人和孩子是完全不同的个体，不能用成人的感受代替孩子的感受。孩子的任何感受都应是被接纳的，但某些不恰当行为，父母必须予以纠正，否则就变成了溺爱。孩子的感受被接纳了，他们才能开始集中精力改变自己的情绪。

帮助孩子面对感受有以下技巧。

你需要全神贯注地倾听孩子说话，而不是敷衍地似听非听。

你要用语言或者动作来回应孩子的感受，而不是对他进行提问和建议。

你要体会并说出孩子的感受，而不是否定孩子的感受。

你可以用各种方法试图帮孩子实现愿望，而不是给他一些逻辑上合理的解释。

有时候孩子不开心而且根本不想说话，此时你陪在他身边就可以了。

当然，你接纳孩子的情绪，并不意味着就赞同孩子的情绪或看法，而是先接纳，再想办法改变。接纳了孩子的情绪，他就会喜欢你、信任你，从而愿意听从你的建议或看法。

也许孩子不小心打翻了饭碗，这时他可能会变得很懊恼，此时父母可以对孩子这样说："还好，你只是把饭洒在桌子上了！""要是吹口气能复原就好了……"以此来接纳孩子的懊恼情绪。孩子听了父母的话，懊丧、紧张的心情马上便会好转。这时，再告诉孩子做事情的时候要小心，他自然很快就能认同父母的观点。

8. 允许孩子发点小脾气

孩子从 1 岁起，就会用发脾气的方式来表达自己的独立愿望和反抗意识了，到了 3 岁左右，虽然他长大一些了，但当他伤心难过时，还是会同一两岁时一样情绪冲动。

为什么会这样呢？因为 3 岁的孩子已经开始萌发了自我意识，开始意识到自己具有影响周围人和环境的力量，他希望自己的行为不受到外界的干涉，但又希望得到周围人的认同，如果得不到认同，他就会用自己的小脾气来"反抗"。

此外，3 岁的孩子只不过刚刚具备了一些初步的、简单的生活知识和生活经验，对于周围发生的形形色色的事情还不能很好地理解，他们想要独立，却又做不好。这种情况下，他也会因为达不到目的而发脾气。

当孩子发脾气时，你最好让他适当地发泄，一定不要采取强硬态度。如果采取打骂的方式把孩子制服，对于脾气大的孩子来说无异于火上浇油，对于胆小的孩子来说，则会让他变得更加胆小怕事。

你在应对 3 岁的孩子因为某些目的没有达到，比如，想要吃更多的糖果、跑到危险的场所去玩等而发脾气时，千万不要妥协，否则会留下隐患。以后，他们就能摸透大人的心理，掌握一套规律：只要先撒娇，再纠缠，最后向大人发一通脾气闹一番，什么目的都能达到。比如，如果孩子因为不想收拾玩具而大声尖叫，你就随他去了；他因为不能在付款之前吃到超市里的糖果而拳打脚踢，而你想让他安静，所以"就这一次"对他妥协了……然而，你的这些让步其实是在告诉孩子，所有的规矩都可以通过发脾气来改变。

孩子年纪小，自制能力都比较差，一般情况下他们脾气来得快，去得也快。因此，在孩子发脾气的时候，你要带他换个环境，转移他的注意力。只要度过"怒气冲天"的那一刻，孩子的情绪会逐渐平息。

9. 对孩子多说一些鼓励的话

当孩子做错了事（在３岁孩子的眼里，有些事他们并不知道对或错，这只是家长的主观想法）时，很多父母会少不了责备一番："你以后不许跟那个欺负你的家伙玩，一定要记住！""如果你再这样做，我打你屁股！"也有的家长对孩子太挑剔："你做的怎么就不如邻居家的小妹妹呢？"……这些都不是聪明的做法。

３岁的孩子虽小，但也是一个独立的个体，孩子也要面子，也需要人格尊严。他们希望父母能够平等地对待自己，不愿意听到责备的批评，更不喜欢父母强迫自己。当父母用命令的口吻要求自己时，孩子很容易产生与大人对抗的行为。

有些长期生活在责骂环境中的孩子，心理压力也会随之增大，常常会感到紧张、恐惧、惶恐不安，性格容易变得内向。长久下去，会逐渐地对自己失去信心，无法正确认识自身的能力。在今后的生活中，当面对机遇的时候，他可能会因为不自信，还没开始尝试就主动退缩了。

卡尔·威特曾说过："孩子的成长离不开宽容和赏识，而严苛的责备会使天才夭折。"没有哪个孩子会对权威有亲密感，即使在表面上服从，内心也是抗拒的。在孩子面前，父母不是权威，而应该是地位平等的朋友。

对于３岁的孩子来说，父母应掌握一些教育技巧，不要为了达到教育目的而训斥孩子。正确的做法是，做孩子的好朋友，与孩子开心、快乐地度过每一天。在教育孩子时，尽量少使用责备、负面的字眼，因为那样很容易打击孩子的自信心，还会让孩子产生逆反心理。

多一些鼓励，少一些责备，会让你和孩子变得更加和睦。平时与孩子说话时最好少说"不要""别"等否定式词语；你可以对孩子多说一些鼓励的话，如"你太棒了……""你一定能做到……""我们一起……"比如，孩子不洗手，你可以说："我们一起去洗手，看谁洗得干净。"这样，孩子不仅主动把手洗了，还获得了比赛"获胜"后的满足感。这种尊重孩子让他自己做出选择的方法，会让你的孩子感到非常愉快，从而愿意与你配合。

10. 适当延迟满足孩子的要求

3岁的孩子几乎见到什么就想要什么，拥有了一个还想拥有另一个，他们的欲望似乎是个无底洞。这让很多父母为之头疼。该怎么办呢？一个有效的做法就是延迟满足他的要求。

比如，孩子刚喝过一杯牛奶，又想要吃一支冰淇淋。你可以尝试着这样说："宝宝，喝完奶你的小肚子已经装得够满了，再吃冰淇淋你的小肚子就会装不下了。我们可以把冰淇淋留到明天再吃，好不好啊？"给你的孩子一个更好的选择，但是需要一点时间来等待。

一般来说，对孩子进行延迟满足训练最好在3岁以后。因为3岁以前是建立对身边养育者的信任和亲密感的关键时期，如那时故意延迟，孩子可能会觉得你不爱他了。

对于3岁的孩子来说，延迟满足会给他们带来什么样的好处呢？我们先来看这样一个实验。

20世纪60年代，美国斯坦福大学心理学教授沃尔特·米歇尔曾对斯坦福大学幼儿园的孩子们进行过著名的糖果实验——延迟满足实验。那些3~4岁的孩子们面临着两种选择：一个大哥哥要去办点事，如果等到他回来，你可以得到更多的糖果；如果你不愿意等，只能拿一块，但立刻可以拿到。十几年后，研究者发现，那些耐心等待的儿童中学毕业后，在社会适应能力、自信、处理人际关系、应对挫折、积极迎接挑战、不轻言放弃等心理品质方面，远远高于那些不能等待的儿童。

通过延迟满足训练能够让你的孩子懂得，并不是每一样好东西他都必须拥有，即使要拥有，也不是马上就能拥有。同时，还要锻炼孩子的忍耐力，让孩子明白每个愿望要达成都不是很容易的，通常要经历一些等待和挫折。

一般来说，孩子到了3岁，有些简单的道理他都非常明白了。在进行延迟满足时，可以把时间放得长一些，比如一周的时间或等到他的生日那天。在等待的过程中，你的孩子也会体验到等待愿望实现的美好感觉；当愿望得到满足时，他会感到特别的幸福和愉悦，而且对得到的礼物也会加倍珍惜。

对于3岁左右的孩子，进行延迟满足训练时需要确定一个界线。因为延迟满足的核心是让孩子通过等待来获得更大的利益，如果对孩子的愿望完全没有界线，则难免会强化孩子的自我中心感，这时的他基本上就没有了自我控制能力。对这样的孩子进行延迟满足训练，并不会取得理想的效果。

在确定界线时，你一定要从具体的小事入手，越具体越好。这种"小事"不是特别让孩子关注的，却是孩子一定能做到的。如果你要规定孩子喝饮料的界线，可能很难取得成功，因为在饮料面前没有几个孩子能控制住自己，但你可以要求他在喝之前必须洗手，孩子会很容易做到。当然，在执行界线时也要有个缓冲，让孩子有一个适应的过程。

当然，延迟满足只限于物质上的需求，对于情感需求，你还是要多抱抱、多亲亲他，让孩子感受到你是非常爱他的。不是所有的事情都要延迟满足，你要对孩子提出的要求加以判断，决定哪个能马上满足，哪个需要再等等，哪个根本就不能满足。凡事不能一概而论，需要父母灵活判断和应用。

第十章

父母必须注意的
教养习惯

在 3 岁这个时期，养成良好的教养习惯不仅能让你的孩子在身体上保持健康的状态，同时还能培养他良好的个性，也有助于孩子在德、智、体、美等方面的全面发展。如果不在这一时期培养孩子良好的教养习惯，便会错失良机，使其形成不良的行为习惯，进而给未来的发展带来难以弥补的缺憾。因此，明智的家长一定要在孩子 3 岁左右培养其良好的教养习惯。

一、3 岁时的饮食习惯决定孩子一生

1. 按时进餐是养成生活规律的关键

孩子到了 3 岁后体重理应增长很多，可是一些孩子看上去一点儿都没有胖，父母们为之担心、着急。究其原因，这些孩子从不按时进餐。

对于孩子来说，每日三餐定时，可以形成固定的饮食规律。按时定量吃饭，使两餐间隔时间在 4 ~ 6 小时，这一阶段是肠胃对食物充分消化、吸收和胃排空的时间。等孩子饮食有规律了，他们的其他生活习惯也会变得有规律。这是一种良性的循环。

但是对于 3 岁的孩子来说，似乎很难让他们在饭点顺顺利利地吃饭。每到吃饭时，他们不是摆弄玩具、看动画片，要不就直接说不想吃。

之所以出现这样的情况，有一种可能是食谱出现了问题——为了给孩子增加更多的营养，把孩子不喜欢的食物加入食谱当中，这很难吸引孩子坐到餐桌旁来。另外，烹饪方式也许很适合大人的口味，但对于孩子来说并不合适。也有的孩子会为了得到更多的零食而拒绝正餐，这是父母惯出来的毛病。

还有的孩子，他想获得饭桌周围每一个人的注意，这时他会用"不吃饭"来达到这个目的。

晶晶每次吃饭都会让父母很头疼。因为不管父母怎么讲，她就是不肯好好吃，不是说饭菜不好，就是说不爱吃，但是她常在下午或晚上睡觉前偷吃零食。后来，妈妈发现孩子不吃饭的关键在于她不吃饭，就可以得到爸爸妈妈格外的注意。于是妈妈决定，不为她准备零食，不强求她吃正餐。

第一天晚上，晶晶吃了半个小时也没有吃完，妈妈不再等她，连同晶晶吃剩的饭菜一同收进冰箱里。第一晚对晶晶来说是一个饥饿的夜晚，她开始哭闹着要零食吃，但是妈妈并没有为之所动。第二天晚上和第一天晚上的情形一样，不过她在晚饭后不久，就要妈妈把剩下的饭菜拿给她吃。就这样一直持续了几天，小家伙觉得自己的伎俩并不能奏效，于是她开始主动按时吃饭。

实际上，晶晶不吃饭是期望爸爸妈妈的注意力能够集中到她的身上。家长了解这个情况后，就能知道事情发生的来龙去脉以及如何去帮助她按时吃饭了。

对于那些上了幼儿园的孩子来说，他们在家吃饭的时间相对少了，父母花费在孩子饮食上的精力也相对少了，但是这并不意味着就可以放手不管了。一些细心的幼儿园老师发现孩子放假回来之后食欲下降了，而且有的孩子还会出现肠胃不适等现象。

这是因为有些父母在节假日里忽视了孩子的饮食规律。父母应该配合幼儿园的教育，在节假日中也要坚持培养孩子良好的饮食习惯。

2. 独立吃饭比吃多少更重要

每个孩子都不是天生就有依赖性的，有的孩子很小的时候就有自己拿勺子吃饭的欲望。这时要尽量地放手让他去做，不要因为孩子吃不好而去限制、指责他。想要减少这些麻烦，可以为他提供一些必要的帮助。比如，可以给孩子围上围兜，防止弄脏衣服；在餐桌上铺一张塑料纸任孩子漏洒饭粒；洗净孩子的手让他去随意抓食，同时还要教会孩子正确使用餐具。

如果不在一两岁时就培养孩子这些好的行为习惯，那么他们很难在3岁时像多数孩子那样独自吃饭。所以，当孩子能够自己正确使用餐具时，就让他独立去吃饭吧！

孩子在独立吃饭的过程中，除了吃饭本身，还能学到很多东西。比如，他用手拿筷子往嘴里送食物，可以练习手眼协调能力，体会着动作与结果的直接关系；吃各种美食，可以很好地训练味觉……在这些微不足道的细节中，孩子能感受到新奇与兴奋，获得独立动手吃饭的成就感。正是这些美好的感觉，促使他更积极地去探索未知的世界。

吃饭时最好是全家人同在一个餐桌上；如果孩子吃到一半就去玩，父母千万不要追着喂饭；若孩子的进食时间超过半小时，你要将孩子的食物拿走，让孩子知道如果不按时吃完饭就只能等待下一次了，如果没吃饱，就只能饿肚子。要让孩子明白，吃饭不能边吃边玩，餐桌不是娱乐场所。

如果你总想让孩子多吃点，没等孩子自己动手就赶紧拿过筷子来喂，是不可取的。希望自己的孩子多吃点，这是大人的心意，但这样做只会打击孩子的积极性。对于 3 岁的孩子来说，培养他独立吃饭的习惯要比让他多吃半碗饭更重要。

对于刚开始使用筷子的孩子来说，他往往不分左右手，父母没有必要过分纠正这些。孩子喜欢用哪只手就用哪只手，长大后大多数孩子都会按传统习惯使用右手。

等到孩子学会独立吃饭后，更应该放手让他自己吃饭，父母完全没有必要再插手。至于饭桌上的规矩，随着年龄的增长，孩子慢慢地会按照规矩去做的。

3. 找对孩子挑食的原因

不少 3 岁的孩子很难在餐桌上安下心来踏踏实实地吃好一顿饭，除了对他喜欢的食物能风卷残云以外，其他食物连看也不看一眼。

为什么你的孩子会挑食呢？《美国饮食协会》杂志上的一篇文章给出了答案。孩子挑食有两种情况：一种是抵触品尝新食物；另一种是排斥对熟悉的食物进行花样翻新。

大多数孩子都会对新食物有一些抵触情绪，这属于正常现象，仅有少部分孩子对一些新食物特别喜欢，科学家们将这种挑食称之为"新食物恐惧症"。面对着餐桌上形形色色的食物，挑食的孩子难免会为自己做一些选择。相比较不挑食的孩子，这些孩子更容易产生焦虑。

如果你的孩子排斥熟悉食物的花样翻新，则更多的是受到他们日常生活经历的影响，心理学家认为，这也可能反映了这类孩子不喜欢受到家长控制的真实情感。

研究人员发现，2～8岁期间，孩子喜爱的食物品种变化很小，他们对食物的选择是比较稳定的。但是在这个年龄区间中，相对于4～8岁的孩子来说，3岁的孩子接受新食物要容易得多。因此，想要让3岁的孩子不挑食，对他们所熟悉的食物进行花样翻新，并不是一件困难的事。

在现实生活中，挑食的孩子很有可能有一个抵触新食物的爸爸或妈妈。因为很多的父母为了节约更多的时间，不愿意为孩子提供丰富多样的饭菜。因此，父母也要在烹饪上下足功夫。

同时，要让孩子变得不挑食，父母的榜样作用很重要。大人要让孩子注意到你们在享用着多种多样的健康美食。此外，你对那些美食发出的评价声，也会吸引孩子的注意力。

二、还不能完全控制大小便

过了3岁，孩子在白天时，不管是大便还是小便都能告诉看护自己的大人了。3岁的孩子在晚上基本上不会再尿床了。有的孩子可能因为睡觉前喝了太多的水或牛奶而尿床。因此，晚饭尽量减少汤食，也不要让孩子睡前喝太多的水或牛奶，这样你和孩子都能睡个好觉。

也有少部分孩子在这个年龄段还不能控制自己的大小便，这与平时父母为孩子包办太多有很大的关系。父母应从以下两点训练孩子独立上厕所的能力。

（1）养成定时排便的习惯

对于不能控制自己大小便的孩子，帮助他养成按时排便的习惯是很有必要的。孩子在早饭后，胃肠蠕动增加，在这个时间训练孩子排便是比较合适的。你可以引导他坐到马桶上去，模仿他日常排便时发出的声音，或和他讲讲话。这样，孩子只要稍有便意就很容易"有成果"。

其他时间内，你最好观察他的排便习惯，有的孩子两小时左右小便一次，一天大便一次。这时你不要用商量的语气问孩子是不是该大小便了，你可以在那个时间里直接让孩子去自己排便。如果你的孩子有了便意，他在这个时间里自然而然就会解决了；如果没有便意，也不要强迫他长时间坐在马桶上。

（2）掌握便前、便后的处理技能

多数的 3 岁孩子都能够自己独立排便了，这时对于他们来说，排便前的穿脱裤子以及大便后的处理都是麻烦事。有的孩子是因为这些而不乐意自己上厕所。那么父母就要多花心思让他们早日学会。

为了让孩子能更方便地穿脱裤子，妈妈最好给他选择松紧腰的裤子，不要用腰带。在穿脱裤子方面，很多 3 岁的孩子自己脱裤子勉强还可以接受，但是让他们提裤子可能并不是件容易的事。很多孩子还有依赖思想，等着妈妈给提裤子，如何训练你的孩子提裤子呢？你可以肯定地告诉孩子，要自己提，妈妈不给提。在这种情况下，你的孩子可能很无奈，只好自己提。刚开始时往往会提不好，你也不用着急，只要孩子能提起来就可以了。孩子刚开始可能不会整理衣服，你可以不动声色地帮孩子整理一下，但决不能语气中流露出责怪，只要告诉孩子该如何整理就可以了。这样，孩子在几天之内就能学会自己提裤子。

大便后的擦屁股，多数 3 岁的孩子都做不好。在此时他们还需要有大人帮忙。在教孩子大便后如何擦屁股时，最好先让他学会用纸。平时可以先让孩子练习如何折叠好卫生纸，告诉孩子必须让纸巾足够厚，才不会破。然后再用玩具娃娃进行模拟训练。可以把泥巴、米糊等涂在玩具娃娃的屁股上，让孩子用折叠好的卫生纸试着帮玩具娃娃擦屁股，遵循"从前到后，不要太用力"的原则，擦几次还不干净，可以再换新的卫生纸继续擦，直到干净为止。在孩子进行实际操作时，父母可以先让他回忆一下给玩具娃娃擦屁股的步骤，然后指导他，看着他做，直到擦干净为止。这时候需要父母有耐心，不要急。最后不管孩子擦得如何，你的赞扬都会让他下一次更愿意自己做这件事。

三、纠正不良的睡眠习惯

1. 孩子睡得浅也是正常的

睡眠对于孩子来说是非常重要的。孩子在睡眠时能量与氧的消耗量小，生长激素分泌增加，这样比较有利于身体和脑功能的发育。睡眠充足的孩子玩起来也会精力惊人，情绪愉快，吃东西也香甜，长得也壮实；睡眠不好的孩子则会用烦躁易怒来折腾妈妈，也不爱吃东西，体重增长缓慢，容易生病。所以，良好的睡眠习惯对孩子的健康及成长至关重要，父母一定不能忽视。

有些孩子很早便能够自己独立上床睡觉，但大多数孩子不愿意提前进入梦乡。他们要么让妈妈陪在身边，自己却不停地玩着手中的玩具，要么看动画片直到深夜，动画片的魔力远远超过妈妈的提醒。针对这种情况，妈妈们就要及时纠正孩子的这些不良习惯，从而为他们的睡眠营造良好的环境。

人类的正常睡眠可分为浅睡眠期和深睡眠期。孩子在刚出生时，浅睡眠的时间较多一些。

孩子到了3岁以后，同样会有浅睡眠期，只是比以前浅睡眠时间少了。但是很多年轻的妈妈由于没有经验，看见孩子在睡梦中反复翻身，有时候还哼哼几声，便以为自己的孩子睡得不踏实。实际上，孩子的浅睡状态就是这样的，不要以为自己的孩子可能是饿了、尿了，或者不舒服了。在浅睡眠期，孩子偶尔会睁睁眼，吸吮一下小嘴，或咧开小嘴笑，稍大一点儿的孩子还会抬头张望一下，然后趴下再继续睡，几分钟后就会进入深睡眠期。有的妈妈会叫醒处于浅睡眠中的孩子，去找专业人士做护理。这种过度关照，反而让孩子睡得不踏实，进而讨厌妈妈的这种行为。

其实，孩子睡得浅也是发育的自然现象。孩子和成人一样，浅睡眠的时候也会做梦，只是不会表达而已。孩子在浅睡时，实际上把他白天看到的和听到的都储存在大脑里。有的时候大脑蛋白质在合成，有的时候大脑在做梦，这其实都是在帮助大脑发育。白天接受外界事物的刺激，晚上睡觉做梦时继续接受这些刺激。因此，当你的孩子浅睡时，千万不要去打扰他。

2. 按时睡觉

孩子晚上不按时睡觉，就会影响他的智商，这是有一定的科学依据的。

英国伦敦大学曾经选取了1.1万余名的7岁儿童，并向他们的父母询问了孩子在3岁、5岁和7岁时的一些家庭生活习惯，同时也对这些孩子进行了智商测验。结果发现，那些在3岁时就寝时间不规律的孩子在智商测验中得分偏低；5岁时就寝时间不规律好像并没有什么影响；而女孩在7岁时就寝时间不规律，也会导致智商测验得分偏低。这意味着3岁是儿童大脑发育的关键时期。

为什么会出现这种情况呢？因为人在睡觉的时候，是大脑休息和人体各种激素分泌最旺盛的阶段，如果这段时间没能利用好的话，大脑吸收和保存新信息的能力就会被限制。时间久了，那些睡眠不好的孩子自然就跟睡眠好的孩子有智商差距。

一般来说，3 岁孩子正常睡眠时间为 12 ~ 13 小时。可是现实生活中很多孩子难以做到这点，其中最重要的一个原因是：父母睡得太晚，孩子就会随着睡得晚。

因此，要想给你的孩子带个好头儿，那些习惯晚睡的父母应该早些改正作息习惯，尽量不要把工作带回家，看电视、玩电脑也不要太晚，晚上八点半到九点就应该和孩子一起进入梦乡。如果孩子想听你讲故事，那么就要提前一点儿上床，到了睡眠时间就不要再讲了，让孩子形成按时睡觉的习惯。

3. 安静的睡眠环境未见得多有益

一些父母认为，一个良好的睡眠环境有助于孩子健康成长。可是究竟什么样的睡眠环境才适合自己的孩子呢？

我们经常看到，很多父母在孩子睡觉时都不敢"轻举妄动"，唯恐孩子被惊醒，哪怕外面出现一丁点儿的声响，都会让他们心惊胆战。因此，这些父母们总是想方设法让自己的孩子在绝对安静的状态下休息。可是这种孩子在上幼儿园后往往短时期内无法适应园里的午睡。原因很简单，你可以想象几十个孩子在一起午睡时的场面。如果你的孩子把婴儿时期的敏感带到了幼儿园，那么他在幼儿园里的午睡必将经历一场"磨难"。可见，父母过于敏感地对待孩子的睡眠，其结果未必是有益的。

一位国外作家在其著作《新育儿百科全书》中这样写道：

家里有些动静，一般不会影响孩子睡觉。父母在房间里走动不用蹑手蹑脚，说话也不必悄声细语，否则孩子习惯了寂静的环境，突然听到一点声音反而容易被惊醒。无论婴儿还是儿童，只要平日习惯了家里的一般嘈杂声和说话声，即使有客人来访，或打开收音机、电视机，甚至有人走进他的卧室，他仍然可以睡得很香。

这样的忠告很难不让照料孩子起居的父母喜欢——他们可以在孩子睡着后聊天，也可以不用再戴耳机看自己喜欢的电视剧了。

当然，有些 3 岁的孩子在浅睡眠期会表现得很吵闹，父母不经意间弄出点声音都会让他开始哭闹。这时父母可以帮他度过这段浅睡眠期，等他完全进入深睡眠了，就可以做自己的事了。

4. 让孩子自己睡

内心能否独立是 3 岁孩子能否正确认识自我的一项重要指标。研究表明，孩子的独立是从形式到内容的，所谓形式是看得见摸得着的儿童行为方式，而内容则是孩子的内心。让 3 岁孩子与大人分床睡，有助于他独立意识和自理能力的培养，并可促进其心理变得更加成熟。但是，让一个 3 岁孩子自己睡，并不是件容易的事。

如果孩子没有在 3 岁以前养成独自睡小床的习惯，那么到了 3 岁时，他们往往还是喜欢睡在家长的身边。但这种依赖心理会延长孩子的入睡时间，容易造成入睡困难，等到孩子再大一点儿时就很难改变这种习惯。因此，若想让你的孩子早点独立，在 3 岁时就不应该在晚上搂着他睡了。

如果孩子半夜闯进爸爸妈妈的房间，要跟爸爸妈妈一起睡，可能是因为他不想让爸爸单独和妈妈在一起。如果妈妈不忍拒绝孩子的要求，让孩子和爸爸妈妈一起睡，其结果可能是可怜的爸爸会被从床上挤出去。所以，妈妈应该毫不犹豫地把孩子送回到他自己的小床上去，态度要坚决而又和蔼。

3 岁的孩子也会出现一些新的睡眠问题，噩梦和对黑夜的恐惧也是孩子不愿意同父母分床的原因。你可以先帮助孩子克服这种恐惧，然后陪孩子回到他的小床上，并答应孩子在他入睡前一定不离开，等孩子入睡了你就可以回到自己的房间了。

对于有些难以改变旧习惯的孩子来说，强制他单独睡会对他的心理造成伤害，这时我们要循序渐进，一点点展开工作，可以先分床，再分房，让孩子慢慢适应。在必要的时候，给他一个抱抱熊作为替代物，会让他有安全感。

这期间，父母的坚持很重要，有的父母一见孩子哭闹，就忍不住了，又让孩子回来同睡。这样的做法是不可取的。即使是孩子央求只躺一小会儿，那也是不行的。孩子和父母分床而居并养成习惯，不是一两个晚上就能顺利完成的，反复是在所难免的。但父母只要下定决心，持之以恒，孩子的好习惯一定会养成的。

四、洗澡和穿衣服时出现的状况

1. 拒绝洗澡

3 岁的孩子怕洗澡多是父母的原因。也许你的一次操作失误，比如，让孩子呛到了水，洗发水进入了眼睛或耳朵里……这些都会让孩子变得怕洗澡。

帮助孩子洗澡的人换了，也会让孩子不愿意洗澡。3 岁的孩子正处于秩序敏感期，他做什么事情都要遵循既定的次序，才能获得安全感，否则就会感觉不舒服。如果一直以来都是由妈妈给孩子洗澡，后来突然换了爸爸来洗，孩子就会觉得不舒服，因而拒绝洗澡。

　　如果你的孩子不想洗澡，那就停几天，然后再试一试。父母要采取温和的态度。洗澡时，不要一下子就把孩子放进澡盆里，澡盆里可以先放一点点水，在孩子有心理准备之前先用毛巾擦身或者只洗一下头和下身。如果孩子还是不喜欢洗澡，父母可以试试用玩游戏的形式，帮孩子战胜恐惧心理。

　　3岁的孩子已经有些懂得一切行为都会造成相应的后果。这时你可以先让孩子坐在没有装水的浴盆里玩，然后拿来他喜爱的玩具，并告诉孩子"玩具小鸭子最喜欢在水里游泳了"，并让他明白因果关系，孩子就会被眼前的玩具所吸引。然后你可以悄悄地打开喷头，在孩子的手上先冲冲，一点点引导孩子来玩水。当他玩得开心了，就会忘记之前的恐惧，慢慢就会爱上洗澡了。

　　如果你想让孩子一直愿意洗澡，还要注意以下这些事项。

　　（1）洗澡时的水温很重要

　　专业医生提供了一种非常方便的测量水温的方法：用你的手肘去测试水温，只要水是温的就可以了。

　　（2）大人的动作要轻柔

　　3岁的孩子到了水里，更多的是想玩水，这时洗澡的真正意义对他来说没有什么吸引力。因此，大人的协助是有必要的，帮助孩子洗澡时，动作一定要轻柔。洗头的时候千万不要把水弄到孩子的眼睛里，那些有过此经历的孩子，很难再愿意洗头。

　　（3）用音乐和玩具陪伴

　　在孩子洗澡时，可以放一些他平时喜欢听的音乐，温柔地给孩子唱歌，和他讲话，并把他喜欢的不怕水的玩具拿来给他玩，这样可以让孩子愉快地度过这段时光。

2. 只选自己想穿的衣服

3 岁时，孩子在父母的帮助下，能自己穿好衣服，但还不能完成扣扣子、系鞋带等较复杂的动作。他们穿衣服已经越来越有型了，"小帅哥""小美女"，是人们对 3 岁孩子最多的称呼。

对于大多数妈妈来说，给孩子穿衣打扮是她们最乐意做的事——哪个妈妈不希望自己的孩子得到更多的夸赞呢？她们认为亲自为孩子穿脱衣服，既可以节省时间又能打扮孩子，但这样的做法只会推迟孩子独立。

大多数妈妈也会遇到这样的问题——尽管这时候的孩子还不能自己解决穿衣时遇到的细节问题，但他们开始变得挑剔了——这个不穿，那个也不穿，不是说这个脏了，就是说那个颜色不好看。总的来说，这时的他们只选自己想穿的衣服，不喜欢穿的他们总是以各种理由来拒绝。其实这是正常现象。

孩子穿自己想穿的衣服，并不仅仅是因为他想要标新立异，更为重要的是，"他们希望更多地控制自己周围的环境，并且他们发现，在衣着和相关的一些事情上，他们是有能力自己来控制的，是他们能力所及的"。一位儿童生活研究专家这样解释。这也就是孩子要坚持自己来选衣服的原因。独立性的增强是孩子进步的表现，是他们思维、个性意识、动手能力、认知能力发育的综合结果。

同时，孩子的这种服饰意识也反映出，他已经比从前更愿意和周围的小朋友在一起玩了。在群体中，你的孩子有机会发现其他小朋友都穿些什么衣服。比如说，他在公园、幼儿园、游乐场的时候，其他小伙伴穿的衣服都能给他以视觉的刺激和记忆。所以，如果有一天，你的孩子突然想穿一件和他的小伙伴一样的衣服时，你也不要过于惊讶。

既然孩子想穿自己喜欢的衣服，父母可以顺其自然，只要无伤大雅，可以由孩子选择自己喜欢的衣服。

五、3岁的孩子也是父母的家务好帮手

1. 3岁孩子会做什么

德国孩子擅长做家务在西方国家中是很出名的。有的德国孩子在2～3岁的时候就开始在父母的指导下学做一些简单的家务活，如用餐前把餐具摆好，修理自家的草坪等。尽管有时仅仅是象征性的，但长期锻炼下来，他们的动手能力就出类拔萃了。大部分德国妈妈都愿意为孩子提供各种尝试的机会，因为她们明白：没有足够的尝试，孩子就不可能变得更加独立。

我们从"美国孩子家务清单"中可以看到美国的孩子在3～4岁时能做哪些家务：更好地使用马桶，洗手，更仔细地刷牙，认真地浇花，收拾自己的玩具，喂宠物，到大门口取回地上的报纸，睡前帮妈妈铺床、拿枕头、被子等，饭后自己把碗盘放到厨房水池里，帮助妈妈把叠好的干净衣服放回衣柜，把自己的脏衣服放到装脏衣服的篮子里。

其实引导孩子做家务，并不在于孩子干活多少，而在于孩子的参与过程。孩子能够参与做家务，不仅仅是为了减轻成人的负担，更重要的是可以让他更好地体验自己是家庭的一员，从小培养他的独立性和责任心。

不要忽视了3岁孩子的内在能量，3岁半的孩子可以做很多家务了。可以收拾餐桌、整理玩具、洗自己的小毛巾、给家里的花草浇水，等等。尽管有些事做得并不完美，但是他们已经很乐意干这些事了。

当然，你在教孩子做一些家务时，肯定要花费一些时间和精力，而且你还必须要降低标准，但一定要坚持下去，最后你会得到很大的回报。这样的孩子不仅可以更早独立，还能学到各种宝贵的技能。

如果家务活干得不标准，比如床单铺得不平整、毛巾没洗干净，就随它吧；或者告诉孩子："宝贝，我们一起来做吧。"必要时给孩子一些帮助和指导，比如在收拾玩具时，可以在玩具箱上面贴上图片，说明什么应该放在里面，这样你的孩子就会知道怎样来收拾他的玩具了。

孩子是乐于和成人一起做家务的，比如他们喜欢和妈妈一起择菜洗菜、收拾衣物，喜欢和爸爸一起整理房间、修剪花草树木等。孩子与家人一起劳动时，会提高劳动的兴趣，融洽家庭气氛，密切亲子感情以及培养协作精神。

尽管很多孩子在做家务时，有很大的游戏成分，但只要孩子玩得开心，得到了锻炼，自尊心得到了满足，我们又何乐而不为呢？即便是事后自己麻烦一点儿再返工，也是值得的。

另外，给你的孩子安排家务时，一定要安排他们力所能及的，使他们能够体验到完成任务的成就感。如果家务太难，孩子很难完成，那么他们就会对这件事丧失兴趣和信心，以后也许再也不愿尝试了。

对于3岁孩子来说，确实有很多事情是他们不能做的，比如说，独自搬比较重的东西，自己安电插座，自己倒热水等。家长应该尽力阻止孩子做这些危险的事情。当然，你在对孩子说"不行"的同时，要用温和的态度向孩子解释原因，并借助一些看得见或摸得着的事实，让他真正理解并牢牢记住。

2. 不可缺少的鼓励

孩子的好奇心很强，他们对于一些家务劳动也同样怀有这种好奇心。如果大人允许孩子去尝试做一些家务，孩子一定会很开心的。虽然他们刚开始做起来会动作笨拙，速度很慢，也可能半途而废，但只要父母给以耐心的鼓励和指导，那么孩子在尝到成功的喜悦后会增强学做家务的兴趣和信心，探索的欲望会更强烈。

当然，在整个过程中，任何打击性的言语都会严重挫伤孩子的积极性，这是每个家长都必须要记住的。

3岁的颖颖总是想和爸爸妈妈一起做家务。在大人看来，这是女儿在捣乱。妈妈洗衣服时，颖颖也要来洗。一会儿的工夫，她就把身上全弄湿了。妈妈冲她说："你就别帮倒忙了，一边玩去。"爸爸在拖地，颖颖过来抢拖把，结果地是越拖越脏。爸爸严厉地对她说："真是越帮越忙，一边待着去!"

这样的场景在很多家庭里都会发生，但是我们要知道：虽然孩子还不能完全做好家务，但他们已经尽力了，应该值得鼓励。

很多孩子在第一次做家务时，心里难免会紧张，害怕自己做不好。这时，父母千万不能对孩子进行嘲笑或呵斥，而应给予积极正面的鼓励，可以对孩子说："宝贝，没事的，来试试吧!""我相信我的宝贝一定能做好!"

对孩子的劳动予以表扬和鼓励是一种正面强化。孩子十分希望自己的劳动能得到成人的承认和肯定，而及时肯定孩子的劳动成果，可以更好地保护孩子的劳动积极性。

父母还需要记住的是，让孩子做家务是为了让他得到一定的锻炼，当孩子有反抗情绪时，不要继续强迫他去做，先试着找到情绪的来源。最好的结果是让孩子在其中找到实现自我能力和完成一项任务的乐趣，让他对任何事情的参与都有一个良好的感受。